四川省高等教育自学考试教材

· 人力资源管理丛书 ·

工作分析

附：工作分析自学考试大纲
（2022年版）

主编 ■ 蒲晓红　廖喜生

图书在版编目（CIP）数据

工作分析 / 蒲晓红，廖喜生主编. — 2版. — 成都：四川大学出版社，2022.12
（人力资源管理丛书）
ISBN 978-7-5690-5906-9

Ⅰ．①工… Ⅱ．①蒲… ②廖… Ⅲ．①人力资源管理 Ⅳ．①F243

中国版本图书馆CIP数据核字（2022）第255937号

书　　名：	工作分析
	Gongzuo Fenxi
主　　编：	蒲晓红　廖喜生
丛 书 名：	人力资源管理丛书

选题策划：	梁　胜　陈　纯　傅　奕
责任编辑：	傅　奕
责任校对：	陈克坚
装帧设计：	裴菊红
责任印制：	王　炜

出版发行：	四川大学出版社有限责任公司
	地址：成都市一环路南一段24号（610065）
	电话：（028）85408311（发行部）、85400276（总编室）
	电子邮箱：scupress@vip.163.com
	网址：https://press.scu.edu.cn
印前制作：	四川胜翔数码印务设计有限公司
印刷装订：	四川盛图彩色印刷有限公司

成品尺寸：	185 mm×260 mm
印　　张：	13.25
字　　数：	274千字

版　　次：	2007年10月 第1版
	2022年12月 第2版
印　　次：	2022年12月 第1次印刷
定　　价：	46.00元

本社图书如有印装质量问题，请联系发行部调换

版权所有 ◆ 侵权必究

扫码获取数字资源

四川大学出版社
微信公众号

四川省高等教育自学考试省统考课程系列专业教材编委会

丛 书 主 编：游劲松

丛书副主编：潘霜柏　汪东升

成　　员（按姓氏笔画排序）：

王　谦　何　宇　张凤英　王浩浪　钱晓群　顾　绚

田孟良　张必涛　罗　哲　赵启军　姚黎明　张婧怡

四川省高等教育自学考试省统考课程
——《人力资源管理》专业专升本教材编委会

主　编： 罗　哲

副主编： 张必涛　罗　娜

成　员（按姓氏笔画排序）：

刘智勇　李贤娟　杨　红　吴静汶　沙治慧　范逢春

罗　哲　赵建伟　黄国武　韩　英　蒲晓红

总 序

党的二十大报告从战略全局上对全面建设社会主义现代化国家作出战略擘画部署，充分肯定了新时代中国教育的成就，强调了教育的战略地位，对于加快建设高质量教育体系，办好人民满意的教育进行了详细丰富、深刻完整的论述，报告对学科建设和教材建设问题给予了特别的关注，提出要加强教材建设和管理。教材建设问题，第一次出现在党代会的报告之中，表明了教材建设国家事权的重要属性，凸显了教材工作在党和国家事业发展全局中的重要地位，体现了以习近平同志为核心的党中央对教材工作的高度重视和对"尺寸课本、国之大者"的殷切期望。教材是学校教育教学的基本依据，是育人育才的重要载体，教育思想和理念的贯彻、人才培养目标和要求的实现等，都集中体现在教材中。"十四五"时期，教材建设的首要任务，是深入推进习近平新时代中国特色社会主义思想进课程教材，为学生培根铸魂，培养"四有"新人。

高等教育自学考试制度是我国创立和实行的、富有中国特色的高等教育制度。自学考试是个人自学、社会助学、国家考试相结合的高等教育形式。在满足社会对接受高等教育的巨大需求中，自学考试发挥着不可替代的巨大作用，为我国高等教育从精英化阶段迈入普及化阶段作出了突出贡献！据教育部《2021年全国教育事业发展统计公报》显示，到2021年末，参加全国高等教育自学考试学历教育报考仍有625.78万人次，取得毕业证书48.94万人。高等教育自学考试的教材是实现教育目标的主要载体，是教学大纲的具体化，为自考助学和学生学习提供了关键支撑、基本线索。从一定意义上讲，自学考试人才培养质量取决于自考教材的质量。但是，随着高等教育人才培养质量的不断提高和自学考试改革的不断深化，自学考试教材建设中存在的问题也日益突出。诸如内容陈旧、更新缓慢；体例单一、形式简单；重视不够，缺乏特色等等。专家们纷纷呼吁要顺应新时代自学考试的特点和

发展趋势，及时调整教材建设结构，加快更新陈旧教材，开发自学考试特色教材，形成在线数字学习资源，改革教材运行和评价机制，进一步建设形成高质量自学考试教材体系，促进新时代高等教育自学考试高质量发展。

为全面贯彻党的教育方针，进一步落实立德树人根本任务，适应新形势下我国和四川省高等教育自学考试教学改革和人才培养的需要，在四川省教育考试院的大力支持下，根据《教育部办公厅关于加强高等学历继续教育教材建设与管理的通知》（教职成厅函〔2021〕28号）和《教育部办公厅关于印发〈高等教育自学考试开考专业清单（2021年）〉和〈高等教育自学考试专业基本规范（2021年）的通知〉（教职成厅〔2021〕2号）》等文件要求，四川大学主动承担起高等教育自学考试主考学校的职责，对主考专业进行了规范，对省考课程进行了调整。为及时回应社会关切，加强自考教材建设和管理，四川大学成人继续教育学院设立继续教育教材专项出版基金，并联合电子科技大学、西南交通大学、西南财经大学、四川农业大学等高校成立"四川省高等教育自学考试省统考课程系列专业教材编委会"，组织编写四川省高等教育自学考试省考课程系列教材，进一步增强教材育人功能，为服务高等学历继续教育高质量发展做出有益的探索和实践。

本套系列教材的编写和建设旨在适应新时期高等教育自学考试事业发展和教学手段变革的需要，彰显高等教育自学考试现代教育理念，在继承中创新，在发展中提高，打造符合高等教育自学考试教育教学规律的经典教材。囿于编写者的学术视野、写作水平和对高等教育自学考试的认知能力，本套系列教材肯定还存在一些不足之处，恳切希望学界专家、行业领导和从业者不吝赐教，更希望千千万万的自考学习者在学习中反馈联系我们，以便我们在再版时及时修订，进一步提高教材实效，促进高等教育自学考试质量。

四川省高等教育自学考试省统考课程系列专业教材编委会
2022年12月于成都

前 言

四川省高等教育自学考试教材《人力资源管理丛书》于2007年首次出版至今，在自学考试教学和实践领域发挥了重要作用。2022年，四川省高等教育自学考试省统考课程系列专业教材编委会再次集结熟悉继续教育教学规律和特点，熟悉行业发展和职业岗位要求，有较为扎实学术功底和教学实践、职业经验专家的智慧和力量，修订出版这套教材。

该书是四川省高等教育自学考试人力资源管理专业较权威、系统、完整的考生自学参考书，本次修订着眼新时代的新特征，根据教育部关于"加大学历继续教育教材建设力度，开发适应成人在职学习需要、深度广度与人才培养目标相匹配、满足交互式学习要求，支持学习者自学自测、随学随练的高质量教材"要求，充分考虑到了目前学科的发展，以及我国社会、经济、文化的背景。为了使本教材更好地反映企业人力资源管理及环境的新发展和变化，本次对《人员素质测评理论与方法》《劳动关系与劳动法》《薪酬管理》《人力资源管理》《工作分析》等5本教材进行了修订，并新编《绩效管理》和《培训与开发》2本教材。

在编写和修订教材过程中，力求做到以下几点：

第一，内容时代性强。把握人力资源管理理论发展前沿和实践进展，吸纳国际、国内最新成果。

第二，知识系统性强。知识点突出，内容完整，层次分明，结构合理。

第三，案例具有典型性和启发性。突出理论联系实际，强调应用和解决问题导向。

第四，加强系列化、多样化和立体化教材建设，服务线上教学、混合式教学，更能适应学员在职、业余自学。

这套《人力资源管理丛书》教材在策划、编写和出版过程中，得到四川省教育

考试院的大力支持和帮助，谨表深切谢意。我们相信，本书能够惠及广大人力资源管理专业的自考学生，将为促进我国高校继续教育教学质量的提高做出贡献。

四川省高等教育自学考试省统考课程
《人力资源管理》专业专升本教材编委会
2022 年 12 月

目　录

第一章　工作分析概述 ……………………………………………………（ 1 ）
　第一节　工作分析的概念 ……………………………………………（ 1 ）
　第二节　工作分析的原则与内容 ……………………………………（ 6 ）
　第三节　工作分析的地位与作用 ……………………………………（ 13 ）
　第四节　工作分析的产生与发展 ……………………………………（ 17 ）
　小结 ……………………………………………………………………（ 23 ）

第二章　工作分析流程 ……………………………………………………（ 25 ）
　第一节　工作分析前的准备阶段 ……………………………………（ 25 ）
　第二节　工作信息收集阶段 …………………………………………（ 32 ）
　第三节　工作信息分析阶段 …………………………………………（ 38 ）
　第四节　工作分析结果形成阶段 ……………………………………（ 42 ）
　第五节　工作分析的应用与反馈阶段 ………………………………（ 44 ）
　第六节　工作分析中的常见问题与解决办法 ………………………（ 47 ）
　小结 ……………………………………………………………………（ 51 ）

第三章　工作分析方法 ……………………………………………………（ 53 ）
　第一节　观察分析法 …………………………………………………（ 53 ）
　第二节　访谈分析法 …………………………………………………（ 57 ）
　第三节　问卷调查分析法 ……………………………………………（ 62 ）
　第四节　关键事件法 …………………………………………………（ 68 ）
　第五节　其他工作分析方法 …………………………………………（ 70 ）
　第六节　工作分析方法的选择 ………………………………………（ 74 ）

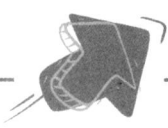

   第七节　工作分析方法的运用……………………………………（76）
   小结………………………………………………………………（84）
   附录一　S公司工作分析说明……………………………………（86）
   附录二　工作分析问卷填写说明…………………………………（87）

第四章　工作分析结果……………………………………………（90）
   第一节　编写工作说明书…………………………………………（90）
   第二节　编写工作规范……………………………………………（106）
   第三节　不同岗位工作说明书范例………………………………（113）
   第四节　改进岗位工作设计………………………………………（119）
   小结………………………………………………………………（124）

第五章　工作评价……………………………………………………（126）
   第一节　工作评价概述……………………………………………（126）
   第二节　工作评价指标体系………………………………………（130）
   第三节　工作评价的方法与技术…………………………………（134）
   小结………………………………………………………………（153）

第六章　工作分析在人力资源管理中的具体应用………………（155）
   第一节　工作分析与员工招聘……………………………………（155）
   第二节　工作分析与员工培训……………………………………（161）
   第三节　工作分析与绩效管理……………………………………（170）
   第四节　工作分析与薪酬管理……………………………………（176）

工作分析自学考试大纲……………………………………………（183）
后　记…………………………………………………………………（200）

第一章　工作分析概述

引导案例：A公司是我国中部省份的一家房地产开发公司。三年前，公司现任总经理看准当地房地产行业的广阔商机和发展前景，多方融资组建了这家公司。近年来，随着当地经济的迅速增长，房产需求强劲，公司有了飞速的发展，规模持续扩大，逐步发展为一家中型房地产开发公司，在当地房地产行业中占有了重要的一席之地。随着公司的发展和壮大，员工人数大量增加，众多的组织和人力资源管理问题逐步凸显出来。

公司现有的组织机构，是基于创业时的公司规划，随着业务扩张的需要逐渐扩充而形成的。在运行过程中，组织与业务上的矛盾逐步凸显出来。部门之间、职位之间的职责与权限缺乏明确界定，扯皮推诿的现象不断发生；有的部门抱怨事情太多，人手不够，任务不能按时、按质、按量完成；有的部门又觉得人员冗杂，人浮于事，效率低下。这些状况严重制约了公司的业务发展，并在客户中造成了不良印象。

面对这样严峻的形势，人力资源部开始着手进行人力资源管理的变革。人力资源部的王经理为此参加了人力资源管理的培训班。在培训班上，王经理了解到工作分析是企业人力资源管理的基础，自己公司的许多问题似乎与此相关。因此，他在和总经理商议之后，决定以工作分析作为变革的切入点。于是，人力资源部以雄心勃勃的王经理为首，加上几个主管，成立起了一个工作分析小组，全权负责工作分析项目的开展①。

第一节　工作分析的概念

在日常工作中，我们常常会遇到一些需要解决的实际问题，例如：某项工作的职责和权限是什么，什么样的人才能担任这一工作，其工作相对重要性与报酬标准

---

① 高艳，靳连冬：《工作分析与职位评价》（第2版）西安交通大学出版社，2012

是怎样的等等。要解决这些实际问题，不能凭个人的主观经验，而要进行详尽的工作分析，掌握有关工作的全面信息。工作分析是人力资源管理中一项最基础的工作，科学的工作分析能够提供完整的工作信息，达到人与工作的最佳匹配。

一、工作分析的含义

关于工作分析的含义，国内外学者从不同的角度对其进行了界定。

（1）工作分析也称为岗位分析、职位分析，是对组织中各类岗位的性质、任务、职责、工作条件和环境，以及任职者承担本岗位任务应具备的资格条件所进行的系统分析和研究，并制定出工作说明书等人力资源管理文件的过程①。

（2）工作分析是一种描述和记录关于岗位行为、活动以及工人参数的信息的系统方法②。

（3）工作分析又称职务分析，是指对各种工作的性质、任务、责任以及所需人员的资格、条件等进行周密的调查、研究分析，加以科学的系统描绘③。

（4）工作分析是组织的一项管理活动，它旨在通过收集、分析、综合整理有关工作方面的信息，为组织计划、组织设计、人力资源管理和其他管理职能提供基础性服务④。

（5）工作分析就是组织确定某一工作的任务和性质是什么，以及哪些类型的人（从技能和经验的角度）适合从事这一工作的一种程序⑤。

（6）工作分析是以企业中各类劳动者的工作岗位为对象，采用科学的方法，经过系统的岗位调查，收集有关工作岗位的信息及进行科学的岗位分析、评定，制定出岗位规范、工作说明书、岗位分类图等各种人力资源管理文件，为员工招聘、调配、考核、培训、升降、奖罚以及确定劳动报酬等提供客观依据⑥。

（7）工作分析是分析者采用科学的手段与技术，直接收集、比较、综合有关工作的信息，就工作岗位的状况、基本职责、资格要求等做出规范性的描述与说明，为组织特定的发展战略、组织规划，为人力资源管理以及其他管理行为提供基本依

---

① 石伟：《机关事业单位工作分析》中国人事出版社，2011
② 〔美〕Susan E. Jackson，Randall S. Schuler 著，范海滨译：《人力资源管理：从战略合作的角度》清华大学出版社，2005
③ 颜爱民，宋夏伟，袁凌：《人力资源管理理论与实务》中南大学出版社，2004
④ 高艳，靳连冬：《工作分析与职位评价》（第2版）西安交通大学出版社，2012
⑤ 〔美〕加里·德斯勒：《人力资源管理》（第14版）中国人民大学出版社，2017
⑥ 李中斌：《工作分析理论与实务》（第3版）东北财经大学出版社，2017

据的一种管理活动①。

综合以上国内外学者对工作分析的定义，本书认为，工作分析也称职务分析、职位分析或岗位分析，它是对职位信息进行收集、整理、分析与综合，以确定完成各项工作所需的技能、责任和知识的系统过程、技术与方法。其主要成果是为组织内每项工作制定一份全面、正确并符合组织需要的工作说明书和工作分析报告等。

具体地说，工作分析包括以下八个方面：

Who：谁来完成这项工作？

What：这项工作的具体工作内容是什么？

When：工作的时间安排是什么？

Where：工作在哪里进行？

Why：从事这项工作的目的是什么？

for Whom：这项工作的服务对象是谁？

How：如何来进行这项工作？

How much：完成这项工作需支付多少费用、报酬？

概括地说，工作分析主要涉及两个方面的工作。一是对工作岗位的研究。明确组织中各个岗位的工作性质、工作活动、工作职责、工作环境以及与其他岗位之间的关系，它说明任职者应该做什么、如何去做以及在什么样的条件下履行其职责。二是对任职资格的研究。明确胜任该项工作，任职者必须具备的条件与资格，比如年龄、学历、身体素质、工作经验、能力特征等。

二、工作分析的时机

工作分析是人力资源管理中一项最基础的工作，随着企业内、外部环境的不断变化，企业的发展战略、工作内容、工作职责等等也随之发生改变，工作分析亦不是一劳永逸的事，必然随之而做出相应的动态调整。企业进行工作分析的时机如下：

（1）新建立的组织或新成立的部门。对于新建立的组织需要进行工作分析，为后续的人力资源管理工作打下基础。新组织由于目标的分解、组织的设计和人员招聘，迫切需要进行工作分析。除了在建立全新的组织时，在组织建立新的部门、增加新的工作岗位、岗位增加新内容时也都有必要开展工作分析。

（2）企业没有进行过正规的工作分析。有些企业已经存在了很长时间，但由于组织人力资源管理手段比较落后、组织规模较小等原因一直没有进行过正规的工作分析。为了促进组织的持续健康发展，进行工作分析非常必要。

---

① 萧鸣政：《工作分析的方法与技术》（第5版）中国人民大学出版社，2018

（3）企业内部组织和业务的变化。组织因战略调整、业务发展导致工作流程、工作职责发生变化，需要进行工作分析。

（4）组织由于技术进步导致职位变动。这种情况下，也应该对职位的变动部分重新进行工作分析，以保证工作分析成果的有效性和准确性。职位变更一般包括职责变动、职位信息的输入或输出变更、任职要求变更等内容。

三、工作分析的相关术语

1. 工作要素

工作要素是指工作活动中不能再继续分解的最小单位，工作要素是形成职责的信息来源和分析基础，并不直接体现于工作说明书中。如拿起电话、按动电钮等。

2. 任务

任务是指工作中为了达到某一工作目的而进行的一系列工作要素的集合，它是工作分析的基本单位，是对工作职责的进一步分解。比如秘书复印文件，为了完成这项任务秘书必须系统地做到：启动复印机，将纸张放入复印机中，将要复印的文件放好，按动按钮进行复印。

3. 职责

职责是指任职者为实现一定的组织职能而担负的一项或多项相互联系的任务组成的集合。例如，进行一项市场调查，这一职责由下列任务所组成：设计调查问卷，发放问卷，回收问卷，分析问卷，撰写调查报告等。

4. 职位

职位又叫岗位，指某一时间内任职者所担负的一项或几项相互联系的职责集合。一般来说，有多少岗位就有多少个任职者。例如，办公室主任同时负责单位的人事调配、文书管理、日常行政事务处理等职责。职位是以"事"为中心确定的，它强调的是人所担任的岗位，而不是担任这个岗位的人。例如教师岗位的职责就是"传道""授业""解惑"。

5. 职务

职务即工作，指组织中承担相同或相似职责或工作内容的一组职位组成。在规模大小不同的组织中，根据不同的工作性质，一种职务可以有一个职位，也可以有多个职位。例如，营销人员的职务中可能有从事各种不同营销工作的人，但他们的主要职责是相似的。

6. 职业

职业是一个更为广泛的概念，是指在不同时间、不同组织中，工作要求相似或职责平行（相近、相当）的职位集合。如律师、教师等都属于职业，相同职业的任职者，他们彼此所担负的职责是相似的。

7. 职权

职权指为了赋予完成特定任务所需要的权力，职责与职权紧密相连。特定的职责要赋予特定的职权，甚至特定的职责等同于特定的职权。比如部门经理具有支配10万元资金的职权。

8. 职业生涯

职业生涯指一个人在其生活中所经历的一系列职位、职务或职业的集合或总称。

9. 职系、职级、职组和职等

职系又叫职种，是指职责繁简难易、轻重大小及所需资格条件并不相同，但工作性质相似的所有职位集合。

职级是指工作责任大小，工作复杂性与难度，以及对任职者的能力水平要求近似的一组职位的总和。它常常与管理层级相联系。

职组又叫职群，是指若干工作性质相近的所有职系构成的集合。

职等是指不同职系之间，职责的繁简难易、轻重大小及任职条件要求充分相似的所有职位的集合。

我国现有27个职组43个职系，而美国规定了23个职组406个职系。通过表1-1我国部分技术人员专业技术职务来说明职组、职系、职级和职等之间的关系与区别。

表1-1 职组、职系、职级和职等之间的关系与区别

职组	职系	Ⅴ 员级	Ⅳ 助级	Ⅲ 中级	Ⅱ 副高职	Ⅰ 正高职
高等教育	教师		助教	讲师	副教授	教授
	科研人员		助理工程师	工程师	高级工程师	正高级工程师
	实验人员	实验员	助理实验师	实验师	高级实验师	正高级实验师
	图书、资料、档案	管理员	助理馆员	馆员	副研究馆员	研究馆员
科学研究	研究人员		研究实习员	助理研究员	副研究员	研究员
医疗卫生	医疗、保健、预防	医士	医师	主治医师	副主任医师	主任医师
	护理	护士	护师	主管护师	副主任护师	主任护师
	药剂	药士	药师	主管药师	副主任药师	主任药师
	检验	技士	技师	主管技师	副主任技师	主任技师

续表1-1

职组	职系	V 员级	Ⅳ 助级	Ⅲ 中级	Ⅱ 副高职	Ⅰ 正高职
企业	工程技术	技术员	助理工程师	工程师	高级工程师	正高级工程师
	会计人员	会计员	助理会计师	会计师	高级会计师	正高级会计师
	统计专业人员	统计员	助理统计师	统计师	高级统计师	正高级统计师
	经济专业人员	经济员	助理经济师	经济师	高级经济师	正高级经济师
农业	技术人员	农业技术员	助理农艺师	农艺师	高级农艺师	正高级农艺师

资料来源：①彭良平.人力资源管理.湖北科学技术出版社，2021

②中华人民共和国人力资源和社会保障部专业技术人员管理司.职称系列（专业）各层级名称［EB/OL］.（2021-11-02）［2022-11-24］.http://www.mohrss.gov.cn/SYrlzyhshbzb/ztzl/zyhzyzggg/zcwj-2c/2c/202111/t20211102_4265565.html

第二节　工作分析的原则与内容

案例：一个机床操作工把大量的液体洒在他机床周围的地板上，车间主任叫操作工把洒在地板上的液体打扫干净，操作工拒绝执行，理由是任职说明书里并没有包括清扫的条文。车间主任顾不上去查任职说明书上的原文，就找来一名服务工来做清扫工作。但服务工同样拒绝，他的理由是任职说明书里同样也没有包括这一类工作，这个工作应由勤杂工来完成，因为勤杂工的责任之一是做好清扫工作。车间主任威胁服务工说要解雇他，因为，这种服务工是分配到车间来做杂务的临时工。服务工勉强同意，但是干完以后立即向公司投诉。

有关领导看了投诉以后，审阅了这三类人员的任职说明书：机床操作工、服务工和勤杂工。机床操作工的任职说明书规定：操作工有责任保持机床的清洁，使之处于可操作的状态，但并未提及清扫地板。服务工的任职说明书规定：服务工有责任以各种方式协助操作工，如领取原料和工具，随叫随到，即时服务，但也没有包括清扫工作。勤杂工的任职说明书确实包括了各种形式的清扫工作，但他的工作时间是从正常工人下班以后开始①。

工作分析是为了明确各岗位的职责和权利，以及岗位所需要的人员匹配条件，以利于各司其职，各尽其责，人岗匹配，人尽其才。

---

① 褚吉瑞，李亚杰，潘娅：《人力资源管理》电子科技大学出版社，2020

一、工作分析的原则

为了使工作分析具有客观性和合理性，在进行工作分析中，应该贯彻以下原则：

1. 目的性原则

首先，应明确工作分析的目的是什么，不同的目的决定工作分析的侧重点不同。如果是为了规范日常工作职责，工作分析的重点在于明确工作范围、工作职能和工作任务；如果是为了招聘人员，工作分析的重点在于任职资格的界定等（具体见表1-2）。

表1-2 不同工作分析目的的信息收集侧重点

工作分析的目标	工作分析所要收集的信息	信息收集的成果
组织优化	工作目的与工作职责 职责细分 职责分配的合理性 工作流程 职位在流程中的角色 工作权限	组织结构的调整 职位设置的调整 工作目的的调整 工作职责的调整 理顺工作程序
招聘与选拔	工作目的与工作职责 职责的重要程度 任职资格	招聘要求 选拔标准
培训与开发	工作职责 职责学习难度 工作难点 关键工作行为 任职资格	培训需求 培训的难点与重点
绩效考核	工作目的与工作职责 职责的重要程度和执行难度 工作难点 绩效标准	绩效评价指标与标准
薪酬管理	工作目的与工作职责 工作范围 职责的复杂程度和执行难度 职位在组织中的位置 工作联系的对象、内容与频率 任职资格	与工作评价要素相关的信息

资料来源：彭剑锋，张望军．职位分析技术与方法．中国人民大学出版社，2004

2. 清晰性原则

工作分析应以职位为出发点，清楚界定职位本身的性质、内容、该职位与其他

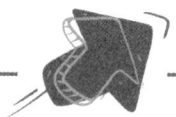

职位的关系及相匹配的人员要求等。

3. 全员性原则

工作分析通常由人力资源管理部门组织实施，但它离不开各级各部门的管理者，尤其是高层管理者的积极支持，也离不开员工的踊跃参与和配合。

4. 选择性原则

工作分析是一项复杂的工作，可用的方法较多，应该根据不同的目的选择不同的工作方法，用尽量少的人力、物力和财力耗费达到预定的目标。

5. 系统性原则

工作分析涉及组织的各个方面，在对某一岗位进行分析时，要综合考虑该岗位与其他岗位的关系，全面掌握各岗位的特征及对人员的要求。

6. 可变通性原则

工作分析的结果具有相对稳定性，但也不是一成不变的，它需要根据组织内部的战略变动、业务调整和外部环境的变化，对工作分析做相应的更改。

7. 应用性原则

工作分析的成果（主要包括工作说明书和工作分析报告）形成以后，人力资源管理部门需要趁热打铁，宣传职位说明书的重要性，培训、指导各部门如何使用职位说明书，建立一系列的制度、流程来充分发挥职位说明书的作用。工作分析的成果只有跟人力资源的具体工作联系起来，才能起到基础的作用。

8. 时效性原则

任何工作分析都是以当前工作为依据的。工作分析的结果只适用于某一特定时间范围内的职务现状。工作说明书在时间特性上不能含糊不清。随着时间的推移和企业的变革，工作分析结果需要及时更新，要根据战略规划、环境变化、业务调整，经常性地对工作分析结果进行调整和修订。具体部门在运用工作说明书时也要看清其编制时间，以免误导。

9. 经济性原则

工作分析是一项耗时、费力和耗财的工作。规模较大的工作分析不仅需要组织内部的人力资源专员、有关职位任职者、相关部门负责人及员工的参与，还可能需要聘请管理咨询公司的专家。外部咨询公司的参与可能会给企业带来一定的经济负担。因此，在开展工作分析时，应本着经济性原则，争取以较小的投入获得最佳的分析结果。

二、工作分析的主要内容

工作分析内容的确定是进行工作分析的一个最重要和最基本的因素，它是工分析人员进行工作分析的重要依据，只有明确了工作分析的内容和各项指标，工作分析人员才能有侧重地收集相关工作信息。工作分析是对工作信息进行收集、整理、分析与综合的系统过程。从工作分析的系统模型来看，工作分析活动主要包括四个环节，即工作分析准备、工作分析内容、工作分析成果、工作分析运用。具体见图1-1。

工作分析准备：就是由人力资源专家、组织管理者、普通员工通过一定的方法，从各个方面收集工作信息。

工作分析内容：就是将收集起来的工作信息进行分类整理，找出它们之间的内在联系。

工作分析结果：就是工作分析成果的表现形式，通常表现为工作说明书和工作分析报告。

工作分析应用：就是工作分析成果在组织管理与人力资源管理中的具体应用。

下面着重介绍工作分析的主体及其信息来源。

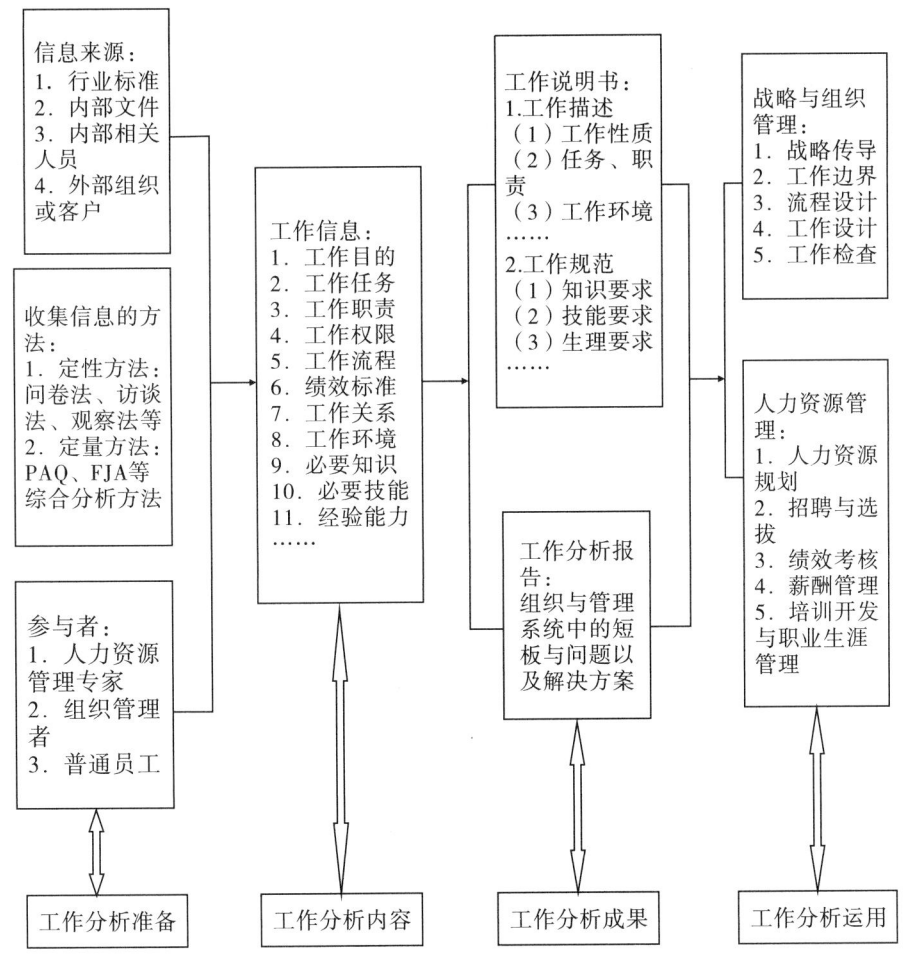

图1-1　工作分析的系统模型

（一）工作分析的主体——谁来做工作分析

工作分析活动通常由人力资源专家（可以是组织内部人力资源部门人员，也可以是外部专家）、组织管理者、普通员工通过共同努力来完成。每个工作分析主体在工作分析过程中的职责和作用是不一样的，所担负的责任和具有的权限也不一样。只有明确了工作分析的主体，以及主体之间的相互关系和各个主体在工作分析过程中的具体职责、权限和地位，才能更好地开展工作分析，这样才能使工作分析更有成效，在工作分析的过程中才不至于出现工作分析主体之间相互推诿、扯皮的现象。三个工作分析主体各自的职责和作用见表1-3。

表1-3 工作分析主体在工作分析中的职责和作用

管理者	人力资源专家	普通员工
1. 参与战略计划的制定和机构的改革 2. 与人力资源专家一起确定是否需要对工作进行分析或再次分析 3. 协助决定谁应当进行工作分析以及工作分析的目的 4. 协助确定在职者参与工作分析 5. 通过面谈和问卷调查参与工作分析 6. 促进在职者参与工作分析	1. 参与战略计划的制定和机构的改革 2. 向管理者和员工宣传工作分析的重要性 3. 与管理者一起确定是否需要对工作进行分析或再次分析 4. 发挥作为工作分析专家的作用，或者帮助挑选外面的专家来进行工作分析 5. 与管理者和员工一起制定和更新工作说明	1. 参与战略计划的制定和机构的改革 2. 当工作的重大变化表明需要进行工作分析或重新分析时，帮助管理者认识到这一点 3. 提供工作分析过程的精确信息 4. 使用工作分析的结果来制定职业发展计划和决定对工作的选择 5. 理解工作分析和其他人力资源管理工作之间的关系

资料来源：〔美〕Susan E. Jackson，Randall S. Schuler著，范海滨译. 人力资源管理：从战略合作的角度. 清华大学出版社，2005

通常，首先由人力资源专家观察和分析正在进行的工作，然后编写出一份工作说明和一份工作规范，员工及其直接上级参与此项工作，比如填写问卷、接受访谈等。最后，由承担工作的员工及其上级主管来审查和修改工作分析人员所编写的反映其工作活动和职责的那些结论性描述。

（二）工作分析的信息来源

工作分析的信息主要来源于四个方面：

1. 组织所在产业或行业标准

主要包括其他组织的工作说明书，职业分类标准及职业数据等。

2. 组织内部的文献

主要包括组织现有的规章制度，以前的工作说明和工作规范，与员工签订的劳动合同以及其他的书面资料。

3. 组织内部与工作相关的各类人员

主要包括任职者提供的信息，只有任职者最清楚自己的工作；同事提供的信息，有助于提供一个对比，可以弥补仅从任职者那里获得资料的不足与偏颇；对该工作产生影响或受该工作影响的其他人员；工作分析人员通过对任职者进行现场观察也可以获得有关信息。

4. 外部组织或客户

他们处于组织的外部，一般能站在一个比较客观的角度来看问题，他们的意见和建议对组织工作分析同样具有参考价值。包括组织的客户、供应商、策略联盟者、合作伙伴等。

三、工作分析的成果

工作分析通过对岗位信息的收集、整理、分析与综合，其成果主要包括工作说明书和工作分析报告。

（一）工作说明书

工作说明书是以书面形式对工作分析的结果加以整合以形成具有组织法规效果的正式文本。工作说明书一经正式形成，则组织的各项人力资源管理活动都必须以它为依据。一个完整的工作说明书包括工作描述与工作规范两大方面的内容。

（1）工作描述又称职务描述、工作说明，它是对工作岗位的概要描述，主要包括对组织中各个岗位的工作性质、工作活动、工作职责、工作环境以及与其他岗位之间的关系。它说明任职者应该做什么、如何去做以及在什么样的条件下履行其职责。

工作描述的编制必须做到以下几点：①使用简明的术语；②使用现在时态；③尽量使用通俗易懂的词语；④用描述职责、义务、报告关系、相互依赖、责任的行为动词来搭配每一个属性；⑤仅列出关键的而不是所有的行为；⑥精确定义工作上要使用的以及达到最低绩效期望水准所要求的设备、工具、材料或其他辅助条件。（工作描述范例见表1-4）

表1-4 某公司"招聘主管"工作描述

工作名称：招聘主管
所属部门：人力资源部
直接上级：人力资源部经理

续表1-4

工作代码：XL-HR-021
工资等级：9~13
工作目的：为企业招聘优秀、合适的人才
工作要点： 1. 制定和执行企业的招聘计划 2. 制定、完善和监督执行企业的招聘制度 3. 安排应聘人员的面试工作
工作要求：认真负责，有计划性，热情周到
工作责任： 1. 根据企业发展情况，提出人员招聘计划 2. 执行企业招聘计划 3. 制定、完善和监督执行企业的招聘制度 4. 制定面试工作流程 5. 安排应聘人员的面试工作 6. 应聘人员材料的管理，应聘人员材料、证件的鉴别 7. 负责建立企业人才库 8. 完成直接上级交办的所有工作任务
衡量标准： 1. 上交的报表和报告的时效性和建设性 2. 工作档案的完整性 3. 应聘人员材料完整性
工作难点：如何提供详尽的工作报告
工作禁忌：工作粗心，有始无终，不能有效向应聘者介绍企业情况
职业发展道路：招聘经理、人力资源部经理

（2）工作规范，是对任职资格的概要描述。研究胜任该项工作，任职者必须具备的资格条件与相关素质，主要包括胜任职位所需要的年龄、学历、所需要的知识、身体素质、工作经验、能力特征等。例如，某工作可能要求具有一定程度的打字技术、制定薪酬制度的知识或法律知识。（工作规范范例见表1-5）

表1-5 某公司秘书工作规范

编码：140020	岗位名称：中级文书
一、职责总述： 　　在主管领导授权之下，完成文书工作。包括准备各类数据资料，并编辑、汇总、分类；草拟各种报告、请示、文件、通知、公告、工作总结，速记会议发言等	
二、工作时间： 　　一般在正常工作时间内完成，无须加班	

续表1-5

三、资格条件： 1. 学历：至少应高中毕业，中专毕业更为理想。 2. 经历：至少在低一级岗位工作三年以上。具有较好的工作熟练程度，如打字速度至少达到每分钟45字，55～80字最为理想
四、考核项目： 1. 校对稿件：每分钟至少40字，超过60字最为理想 2. 打字：每分钟至少45字，超过55字最为理想 3. 速记：每分钟至少100字，超过120字最为理想 4. 专门知识：秘书学、速记方法、公文写作等 5. 写作能力：行文格式规范，语言通顺简洁，内容充实，结构严谨 6. 心理测试：考察情绪的稳定性、接受外界信息的灵敏性
五、本岗位后备来源： 1. 初级文书（企业现任） 2. 担任过此类工作且正在自学深造的人员 3. 从专业学校招收 4. 从社会招聘符合条件的人员
六、健康状况：良好，身高1.60米以上，身体健康，五官端正
七、性别和年龄要求：男女均可，一般应在30岁以下
八、工作条件：办公室内完成工作任务
九、其他补充事项：符合上述条件的残疾人，如有跛足但具备其他各种资格条件的人也可聘用

工作说明书既是一般员工工作的指南，也是组织确定其人力资源规划、招聘与选拔、绩效考核、薪酬设计、培训与开发等工作的参考依据。

（二）工作分析报告

工作分析报告的内容较为自由宽泛，主要是通过工作分析发现组织管理过程中存在的问题和矛盾，以及针对这些问题和矛盾提出解决方案。具体包括：组织结构与职位设置中的问题与解决方案、流程设计与流程运行中的问题与解决方案、组织权责体系中的问题与解决方案、工作方式和方法中的问题与解决方案等。工作分析报告通过描述和讨论工作分析，发现组织在经营管理过程中存在的问题，为对组织有效性的诊断提供依据。

第三节 工作分析的地位与作用

工作分析是现代人力资源开发与管理中一种最基础、最核心的工作，也是整个组织管理系统中的基本方法与技术。在人力资源开发与管理中居于十分重要的基础地位，它是组织岗位设置、薪酬福利、人力资源规划、招聘与选拔、绩效考核、培训与开发等工作的依据。开展工作分析既是建立现代人力资源体系的基础工作，同时也是企业改革和发展的客观要求。

一、工作分析在战略与组织管理中的作用

随着企业外部环境的不断变化，企业的发展战略也随之发生改变，完善的工作分析有助于组织发展战略的实现，也有助于改善组织结构和组织设计、达到人岗匹配。具体表现如图 1-2 所示。

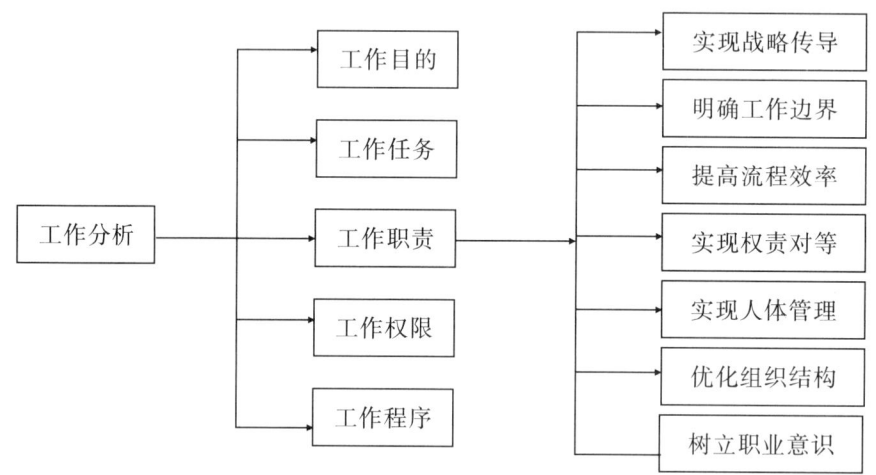

图 1-2　工作分析在战略与组织管理中的作用

1. 实现战略传导

企业战略目标的实现有赖于合理的组织结构和职位设置，通过工作分析可以明确各个工作岗位和部门设置的目的和它的职责、权限、工作联系、上下级关系等，从而找到每个工作如何为整个组织创造价值，为企业战略目标的实现提供良好的平台和保证。

2. 明确工作边界

通过工作分析，可以明确界定工作岗位的职责与权限，消除工作之间在职责上的相互重叠，从而尽可能地避免由于工作边界不清导致的推诿和扯皮，并防止出现工作之间的职责真空，使组织的每一项工作都能得到有效的落实。

3. 提高流程效率

通过工作分析不仅可以确定工作责权，而且可以确定任职者的任职资格和条件。这样以工作规范的要求来选拔和招聘合适的人员，就能使组织实现人与工作的匹配，优化工作流程，从而消除由于用人不当所导致的效率低下现象。

4. 实现权责对等

通过工作分析，可以根据工作的职责来确定或者调整组织的授权与权力分配体系，从而实现权责对等。

5. 实现人本管理

科学的工作分析是组织人本管理思想的良好体现。在工作分析的过程中，要求全体员工的广泛参与和积极配合。工作分析关于工作职位的基本规范有助于员工自觉主动地寻找工作中存在的问题和差距，从而为员工职业生涯的发展提供牵引。

6. 优化组织结构

随着组织外部环境的不断变化，组织战略也可能随之不断变化，这就要求组织结构也随之进行改变。工作分析提供的工作相关信息有助于了解组织结构上的弊端，帮助管理者对这些不合理的地方进行改进，从而适应组织战略的变化。

7. 树立职业化意识

通过工作分析，能够建立工作标准和任职资格条件，有利于任职者明确胜任工作所应具备的知识、技能、能力，以及道德素质等任职资格，为其在工作中不断提高和发展提供指导，也为其树立职业化意识奠定基础。工作分析与工作说明书在组织内的长期运用，能够培养造就职业的工作人才。

二、工作分析在人力资源管理中的作用

工作分析可以作为重要材料，为人力资源管理体系提供支持，在人力资源管理中具有非常重要的作用，人力资源管理的每一个方面几乎都涉及工作分析。其作用如图 1-3 所示。

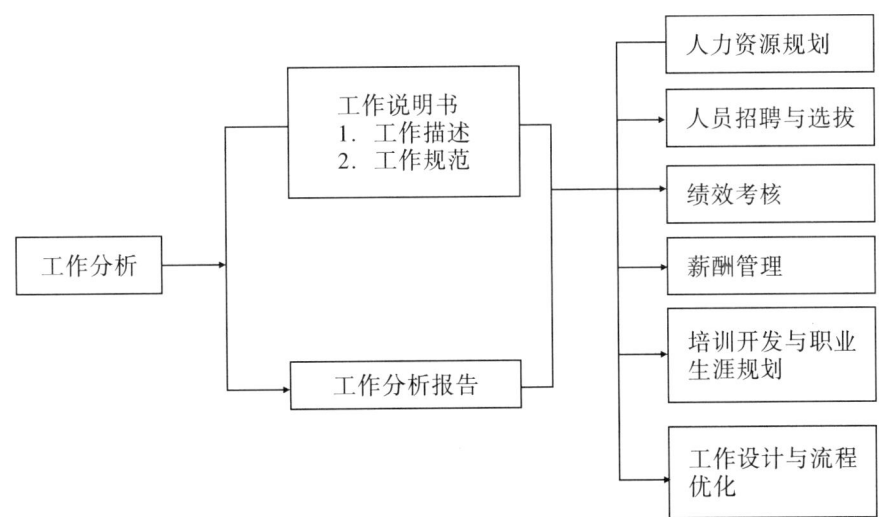

图 1-3 工作分析在人力资源管理中的作用

（1）工作分析为企业制定有效的人力资源规划、预测方案提供可靠的依据。每一个组织对本单位的工作职务安排和人员配备，都需要有一个合理的计划，并根据生产和工作发展的趋势做出人力资源预测。一个组织有多少种工作岗位，这些岗位目前的人员配备如何，组织职务和工作变化趋势如何等问题都可以依据工作分析的结果做出适当的判断。

（2）工作分析有利于选拔和任用合格的人员。工作分析明确地规定了工作岗位的近期和长期目标，各个职位的性质、特征以及担任此类职位所必需的任职条件、进行工作的具体程序与方法，因此可以确定选人、用人的标准，以实现人岗匹配，有利于提高招聘录用的质量，降低组织的用人风险，提高组织内部人力资源配置的效果。

（3）工作分析为绩效考核提供标准和依据。根据工作分析的结果，每一职位从事的工作以及所要达到的标准都有了明确的界定，大大减少了绩效考核的主观性和随意性，提高了考核的科学性。考核标准的明确也使任职者能够看到自身工作与考核标准间的差距，有利于自身工作的改进。同时，可以确定合理的作业标准，提高生产的计划性和管理水平。

（4）工作分析是建立公平合理的薪酬制度的基础。薪酬通常取决于职位本身所要求的技能、职责、教育水平、工作环境等因素，而所有这些因素都可以通过工作分析来确定。

（5）工作分析有利于设计有效的人员培训开发方案和职业生涯规划。工作分析明确规定了从事某项工作所应具备的知识、技能、生理和心理条件，而这些要求，并非人人都能满足，需要不断地培训开发。根据工作分析的资料可以制定出相应的培训计划，有针对性地开展各种培训活动和设计员工的职业生涯。可以根据实际要求和聘用人员的不同情况，有区别、有针对性地安排培训内容，以提高员工与职位的匹配程度。通过工作分析对组织中的工作内容以及工作之间的联系与差异，组织可以制定出员工职业生涯发展的路径、规范和标准，提高员工升迁的合理性。同时，工作分析也使员工有机会了解工作性质和规范，从而制定出适合自身发展的职业道路。

（6）工作分析有利于企业的工作设计和流程优化。工作分析有助于获得有关工作的实际情况，发现导致员工不满或工作效率下降的原因，及时采取有效措施，从而能让工作设计人员有针对性地进行改进。工作分析能够提供关于现有职务的工作内容、工作流程、工作设备、工作环境等各方面的信息，帮助提高工作设计的有效性和实现流程更加优化。

第四节 工作分析的产生与发展

一、工作分析的发展历程

1. 工作分析思想溯源

工作分析的思想由来已久,早在古希腊时期就已经产生了。当时著名的思想家苏格拉底在对理想社会的设想中就指出,社会的需求是多种多样的,每个人只能通过社会分工的方法,从事自己力所能及的工作,才能为社会做出最大的贡献,社会才能取得更大的发展。苏格拉底认为个人的工作具有差异性,不同工作岗位的要求也存在差异性,只有让每个人从事他们最合适的工作,才能取得最高的效率。因此,了解各种不同的工作以及各项工作对人的要求,实现工作要求和人员之间的匹配是非常重要的。尽管苏格拉底所关注的是范围更大的社会,但这种思想为后来的工作分析思想的发展奠定了基础。

最早论述分工问题的是中国古代政治家管仲,大约在公元前7世纪,管仲就提出了著名的四民分业定居的理论。他主张将国人划分为士、农、工、商四大行业并分别聚居在固定的区域。后来荀况把分工称作"曲辩",特别强调分工的整体功能。他认为群体的力量产生于合理而科学的分工,只有社会确定了科学的分工,人民才能有序地工作,避免纷争。但由于受自给自足的小农思想的束缚,中国古代先贤未能形成系统的分工理论。

2. 工作分析的早期发展

(1) 狄德罗的工作分析研究。

狄德罗是18世纪法国启蒙思想家,《百科全书》的主编和组织者。1747年,狄德罗受命为一家翻译协会编撰一部百科全书。在编写过程中,他发现协会所提供的资料,特别是有关贸易、艺术以及手工方面的资料并不完整。他经过慎重考虑,决定对贸易、工艺等方面的资料进行重新调查。他不仅通过观察了解工作的信息,还试着自己进行资料图片方面的机器绘制操作,绘制机器图版和说明书。他还通过简化工作流程中的环节,将收集到的信息系统化。狄德罗的工作为以后的工作分析实践提供了直接的经验与参考。

(2) 泰勒的工作分析研究。

19世纪后期南北战争结束后,美国的资本主义生产得到迅速发展,随着生产技术的变革和企业规模的扩大,原有的凭借传统经验的管理方式同先进的生产力之

间的矛盾越来越突出。泰勒在20世纪初对组织的管理进行了一系列的研究，对当时和现在的管理都产生了非常深刻的影响，被后人尊称为科学管理之父。泰勒的时间动作研究被认为是科学工作分析的起始。所谓时间动作研究，就是将工作划分成若干部分并分别计时。通过分析，对各种活动的时间及顺序进行重新规划，从而制定出标准化的工作程序与方法，在从事该工作的工人中推行，达到提高生产效率的目的。泰勒在1911年出版的《科学管理原理》一书中指出，要对组织进行科学的管理，就必须对组织中的每一份工作进行系统研究，从而科学地选拔和培训工人，达到管理效率的最大化。泰勒所倡导的以科学管理代替经验管理的伟大思想和为提高劳动生产率而对工作各个方面所进行的调查研究，对工作分析理论与方法的创立和发展起到了巨大的推动作用。科学管理的兴起，也促使很多大公司开始重视工作分析，认真考虑如何利用工作分析招聘合格的雇员，以及如何运用工作分析提高劳动生产率等。

（3）明斯特伯格的工作分析研究。

工作分析是人员选拔和测评的主要手段和必要程序。20世纪初与人员选拔和测评密切相关的工业心理学得到迅速发展，当时美国就用心理测验来选拔陆军人员，按其测试成绩分配相应的岗位，提高了军队的战斗力。明斯特伯格是工业心理学的主要创始人，被尊称为"工业心理学之父"。他的研究和思想对后来的工业研究和工业心理学的发展都有深远的影响。他开创了对工作中的个人进行科学研究以使其生产率和心理适应达到最大化的工业心理学研究领域。他发现科学管理和工业心理学二者都是通过科学的工作分析，以及通过使个人技能和能力更好的适合工作的要求来寻求劳动生产率的不断提高。他主张用心理测验来选拔员工，用学习理论来评价培训技术的开发。人员选拔和测评在商业领域的广泛运用，促进了工作分析的迅速发展。

（4）吉尔布雷思夫妇的工作分析研究。

吉尔布雷思夫妇在技术方法和某些指导思想上对泰勒开创的时间动作研究方法做了改进。弗兰克·吉尔布雷思一位工程师，妻子丽蓬·吉尔布雷思是一位心理学家。弗兰克提出了一种在实验室条件下进行工作分析的程序方法。这种方法通过提供恰当的设备，减少多余的动作来达到劳动生产率最大程度提高的目的。他们发现对残疾老兵进行正确的工作培训并重新设计工作方法，残疾老兵可像正常的职员一样高效地工作。据此，他们认为对不同的工人而言，他们在从事同样工作的时候应该采取不同的工作方法，从而实现劳动生产率的提高。这正是工作分析的一项重要内容和目的。

3. 工作分析的近代发展

两次世界大战的爆发极大地推动了工业心理学的发展，尤其是促进了心理学在人员分类和人员安置上的应用。随着工业心理学的发展，在此期间取得了一系列工作分析及其应用的成果。

（1）斯科特的工作分析研究。

斯科特是美国著名的工业心理学家，在20世纪20年代，通过对军队工作的系统研究，成功地将工作分析运用于军人的测评与选拔。他通过工作分析的研究，成功地制定了军衔资格标准；他领导的委员会通过工作分析编制了"军官任职技能说明书""入伍申请表"与"人员调查表"；通过在设计军人考评方法之前进行工作分析，促进了军队面谈考评的科学化。随后他又将研究成果移植到企业和政府部门，创办了斯科特公司。

（2）巴鲁什的工作分析研究。

美国人巴鲁什通过对工作中影响报酬的要素进行深入研究，提出了工作等级划分的方法，并将其用于《工薪划分法案》。1919年，美国国家内政改革委员会派巴鲁什参加国会工薪划分联合委员会。巴鲁什对104000名公职人员进行问卷调查，以收集有关政府职位任务的事实资料。通过逻辑分类与等级划分，巴鲁什得出了分析结果。1923年国会根据其研究结果，通过了《工薪划分法案》。

（3）其他学者和研究机构的工作分析研究成果。

这一时期，美国的一些研究机构对工作分析作出了如下贡献：

第一，对"职业""职务""任务""工作""职责"等工作分析的基本概念作了系统定义。工作分析用语逐步规范化，为工作分析的进一步发展奠定了基础。

第二，《职业大辞典》（DOT）的编制。辞典以对工人的知识、技能等最基本的要求为标准来划分各项工作的职位等级，受到广泛好评。大辞典包含有国民经济中各类工作的详细阐述，是实现工作分析的重要参考工具。

第三，对美国各行业的职业技能标准作出明确的规定，并划分为共有部分与特定部分。

4. 工作分析的现代发展

"第二次世界大战"后，工作分析研究得到进一步的重视，工作分析的理论和方法都得到了长足的发展，工作分析被视为人力资源管理的最基本职能。20世纪70年代，工作分析已经被西方发达国家看作是人力资源管理现代化的标志之一。

（1）在工作评价中的应用。

工作评价是指对组织内部各项工作的劳动价值或重要性所进行的评价，它是工作相对价值的确定方法。工作评价是在工作分析的基础上发展而来的，工作分析的研究结果相当大一部分被用作工作评价的基础与标准。当然，工作评价也是工作分析的发展和提高，进行工作评价是将工作分析的价值提高到一个新层次的关键。

（2）职位分析问卷（PAQ）。

职位分析问卷是心理学家麦克米克花费整整10年的时间研究完成的工作分析工具。职位分析问卷包括194项具体内容，简称PAQ，目前仍然被公认为一种标准的工作分析工具。它以严格的工作术语为特征，它的内容代表工作的性质、行为、条件和特征，因而，可以将宽广多样的工作一般化。PAQ的特点是同时考虑人员与工作两个变量因素，并将各种工作所需的基础技能与基础行为以一种标准化的形式罗列出来，从而为人事调和、工薪标准制定等工作分析，提供了一种标准工具。

（3）关键事件分析技术（CIT）。

关键事件分析是由心理学家约翰·C.弗莱内根在"第二次世界大战"中开发出来的。当时，军队方面需要心理专家分析与查找飞行员绩效低的原因。弗莱内根通过研究和调查，列举出了绩效低的各种原因，并称之"关键事件"。它是通过设计一定的表格，专门记录工作者工作过程中的关键性行为，以反应并区分那些特别有效的工作行为和特别无效的工作行为，以此作为将来确定任职资格的一种依据。关键事件为工作分析提供了最为真实、客观的定性资料，通过该技术可以确定工作中行为的任何可能的意义和潜在的作用。由于同时考虑了工作的静态特点和动态特点，关键事件分析方法现在已经在非结构化的工作分析中得到广泛应用。

（4）在劳资纠纷中法律的应用。

工作分析不仅在职位评价、人员招聘、薪酬管理等方面被广泛应用，而且还被用于劳动纠纷处理的法律之本。劳动立法对工作分析的发展影响深远，科学的工作分析对支持人力资源管理实践的合法性相当重要。从1964年的《民权法》开始，美国政府陆续通过了一系列的法案，针对雇佣中的歧视行为进行了详细的规定。为了避免劳资双方的法律纠纷，必须在招聘、考核、薪酬、调动等活动中证明其所采用的标准、程序、方法与工作具有高度的相关性。而工作分析是达到这一要求的必要手段，各个组织都比以前更加重视工作分析的研究和应用，从而促进了工作分析的发展。

另外，工作分析的理论和技术还包括职工工作分析（FJA）、任务清单分析技术（TIA）和人体工程学理论的借鉴。

二、工作分析的发展趋势

工作分析（Job Analysis）在人力资源管理中起着基础性的、不可替代的作用，它是企业招聘选拔、培训、薪酬管理等各种管理活动的决策基础。但近年来，随着经济发展、科技进步和全球竞争的加剧，社会环境发生着急剧的变化，导致了组织结构的相应变化。组织需要对自己的战略、结构以及内部的工作流程进行相应的调整，促进了工作性质的不断改变。为适应这些新变化，工作分析也呈现出新的发展趋势，具体表现为：

1. 从静态的工作分析转向动态的工作分析

传统的工作分析一般假设工作环境是静止的，组织工作保持相对稳定。因此，传统的工作分析常常只是着眼于对工作分析对象进行孤立的静态分析，并不会考虑到同一部门或部门外分析对象之间的相互联系。在现代组织中，由于社会环境的变化导致了组织结构的变化，必然引起组织内部的雇佣关系、工作和职业结构以及工作组织的业务流程做出相应调整。工作分析要适应组织变革的要求，根据组织变革对工作职位本身的影响，对工作分析进行动态管理，以满足持续性的组织变革的要求。

2. 从描述性工作分析分析转向战略性工作分析

传统的工作分析，其目的在于对工作现状进行描述。例如职位说明书以及工作规范等都是对研究对象的实际情况，如工作内容、职责范围和任职资格等进行总结。战略性工作分析研究是将现在的工作分析与未来工作的导向相结合的一种研究，要求现在的工作分析应当体现工作的未来发展趋势和组织的战略需要。战略性工作分析的目的是将企业的战略、工作的发展趋势、未来要求和胜任特征跟现实工作的具体要求综合起来，建立起企业的核心竞争力，从而更好地为企业人力资源管理服务。

3. 从孤立性工作分析转向系统性的工作分析

传统的工作分析，常常着眼于对分析对象进行孤立的分析，并不会考虑到同一部门内或部门外分析对象之间的相互联系。即使考虑到了，也只是简单描述一下与本岗位工作密切相关的其他岗位的名称。在现代组织中，为了增强组织竞争性的需要，组织变革和管理方法创新方兴未艾，扁平化组织、工作团队、无边界组织、流程再造等相继出现。各工作岗位间的分工界限正在逐渐消失，从而要求工作分析不能只分析一个孤立的工作岗位，而应该分析一个工作族，分析该工作与其他工作之间的联系，包括工作联系、信息联系、人员联系等。

4. 从定性化的工作分析转向定量化的工作分析

传统的工作分析主要采用访谈、观察等定性方法收集信息，工作分析结果不仅受评价者的人口统计学变量，如性别、年龄、种族和教育程度的影响，而且还受评价者的其他特征，如任职经验、绩效水平和认知能力等因素的影响。很多职位说明书编制采用先由任职者自己撰写的方法，由于任职者的素质参差不齐，导致职位说明书质量有好有坏，而且大部分的职位说明书是描述现状，大部分任职者并没有能力对自己的职位进行分析。

定量化的工作分析是将现代心理学与统计科学的研究成果大量运用于工作分析，形成一系列的系统性工作分析方法和技术，例如多元回归统计技术的应用。从

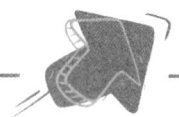

而有助于排除工作分析中的潜在歧视与偏见,大大提高了工作分析的信度和效度。

5. 从描述为重点的工作分析转向以规范为重点的工作分析

现代企业越来越重视工作规范,尤其是员工的能力和素质要求与职位之间的高度匹配,以"素质模型"为主要标志的新的招聘标准正在逐步形成,也将成为工作分析研究的必然趋势。在新经济条件下,人的因素已经变得越来越重要,拥有优秀的员工已成为企业成功的关键,为了招聘到和职位匹配的高质量工作人员,必须对任职资格条件做出详细的规定,故以规范为重点的工作分析就显得越来越重要。因此,组织可能采用一种以能力为基础的工作分析方法,它把重点放在成功员工的能力上,而不再是着重强调标准的工作义务和任务等。这些能力能够快速适应组织文化和组织战略,它们包括人际沟通技能、决策能力、解决冲突技能、适应能力和自我激励等。

6. 从使用手工进行工作分析转向使用计算机的工作分析

传统的工作分析一般都是通过人工的方法对工作及其任职资格等进行分析,这是与工业经济时代相对落后的生产技术水平相适应的。随着生产技术水平的迅速发展,"互联网+""大数据""人工智能"等成为经济发展和管理变革的新亮点,工作分析领域也逐渐引入许多新技术和新方法,尤其是计算机网络等高科技技术,在工作分析领域已经成为不可或缺的一部分。计算机网络技术被应用于工作分析的各个阶段。在工作分析的准备阶段,工作分析小组可以利用计算机进行资料查阅、资料准备、进度计划和人员安排。在工作分析的实施阶段,可以利用计算机网络及其数据库查找同行业其他组织的工作设置、工作内容、职责任务以及任职资格等,并且将所获取的本组织的相关工作信息输入数据库,以便进行更进一步的分析。在工作分析结果的检验阶段,计算机更是必不可少的一项工具,它使多元回归统计技术的应用更加便捷,从而有助于排除工作分析中的潜在歧视与偏见,使分析的结果更加客观、完善和准确。

7. 从实体化组织的工作分析转向虚拟化组织的工作分析

虚拟化组织拥有全新的企业文化和管理模式,采用扁平化、网络化结构,没有固定的组织层次和内部命令系统,也没有各种实实在在的部门和职位,而是一种开放的组织结构。因此虚拟化组织的出现更大程度上反映了企业在业务流程设计方面的重大变化,在进行工作分析时,就不能用传统的方法确定职位体系,这给工作分析提出了更高的要求。在未来的组织中,传统金字塔型的实体化组织结构的工作分析将越来越无力,很多企业不再以组织内的部门划分作为安排工作的基准,而是从客户的需求出发,设计出能够最大限度让客户满意的工作流程,这种流程式的工作方式可以使组织具有更强的适应能力。因此,在进行基于流程再造的组织层面的工作分析时,如何从企业和用户的需求出发,设计出反应迅速、高效的流程将成为未来组织层面工作分析的重点。随着组织的发展不断趋向灵活化、松散化、虚拟化，工作分析也将不断朝使组织更具适应性的方向进化。

三、我国工作分析的发展

新中国成立后，我国开展了比较系统的劳动心理学研究，工作分析的研究处于起步阶段，这一阶段心理学家进行了一些使工人适应工作要求的研究以及人体工效学方面的研究。工作分析在我国真正的发展始于改革开放后，尽管起步较晚，但在广大科技工作者和管理学界同仁的共同努力下，工作分析获得了飞速发展。1984～1985年，为了探索干部的德才和工作绩效的科学考核方法，心理学家在杭州开展了有关企业管理干部职务分析和测评的研究。他们运用问卷法、工作日记法、个案研究等方法，对企业各个层次和部门的干部的工作任务和职务特征进行了比较全面的分析，包括工作内容、时间分配、技术难度、任务紧迫性、人际交往频率、职责和工作负荷等。明确了企业各级管理者的职责，初步确定了任职者所具备的知识、能力、素质等条件，为各级管理者的选拔、培训、考核、调动、晋升奠定了基础。

我国工作分析在组织中展开大规模地运用起源于20世纪90年代的国有企业改革。在国企改革中，大量的企业在人事管理工作中推行了岗位责任制，以解决组织中普遍存在的职责不清、分工不明、权责分离、因人设岗、机构膨胀、人浮于事等问题。尽管在人事管理中推行了岗位责任制，但从工作分析的角度看，仍然存在如职位描述不科学；缺乏任职资格的分析、工作设计和工作分析没有与人力资源考核、薪资分配、培训等人力资源管理方案和制度形成一个有机体的不良现象，这就为更多企业引入工作分析技术埋下伏笔。

20世纪90年代中期以后，随着我国社会主义市场经济建设的逐步深化，中国企业出于科学化、规范化管理的需求，开始引入和实践西方发达国家的现代企业人力资源管理理念和技术。工作分析作为现代企业人力资源管理的基础，越来越多地受到更多企业的关注。许多管理专家、本土咨询公司和企业人力资源管理人员开始探索本土化的工作分析技术与方法。信息化时代的深入及新型科学技术手段的应用也能使我国企业更快、更好地学习和借鉴国内外工作分析的先进经验和做法，为企业的可持续发展奠定良好的基础。

小结

工作分析是人力资源管理工作的基础和依据，是全面了解组织内各项工作特点

的一项重要的常规性技术。工作分析是为了明确各岗位的职责和权利，以及岗位所需要的人员匹配条件，以利于各司其职，各尽其责，人岗匹配，人尽其才。本章着重介绍了工作分析的含义，工作分析的目的与内容，工作分析的意义与作用，以及工作分析的发展历程及发展趋势。从总体上把握工作分析的知识，为后面各章的学习打下基础。

思考题：

1. 在什么样的情况下应进行工作分析？
2. 工作分析应把握哪些原则？
3. 工作分析的内容涉及哪些方面？
4. 为什么说工作分析是人力资源管理工作中一个非常重要的基础工作？
5. 工作分析的发展历程及发展趋势是什么？
6. 请结合我国实际，说明我国企业工作分析的现状和存在的主要问题。

参考文献：

1. 〔美〕Susan E. Jackson，Randall S. Schuler 著，范海滨译：《人力资源管理：从战略合作的角度》北京：清华大学出版社，2005
2. 颜爱民，宋夏伟，袁凌：《人力资源管理理论与实务》长沙：中南大学出版社，2004
3. 高艳，靳连冬：《工作分析与职位评价》（第 2 版）西安：西安交通大学出版社，2012
4. 石伟：《机关事业单位工作分析》北京：中国人事出版社，2011
5. 〔美〕加里·德斯勒：《人力资源管理》（第 14 版）北京：中国人民大学出版社，2017
6. 李中斌：《工作分析理论与实务》（第 3 版）沈阳：东北财经大学出版社，2017
7. 萧鸣政：《工作分析的方法与技术》（第 5 版）北京：中国人民大学出版社，2018
8. 褚吉瑞，李亚杰，潘娅：《人力资源管理》成都：电子科技大学出版社，2020
9. 陈彩琦，马欣川：《工作分析与评价》武汉：华中科技大学出版社，2017
10. 潘泰萍：《工作分析基本原理、方法与实践》（第 2 版）上海：复旦大学出版社，2018
11. 彭良平：《人力资源管理》武汉：湖北科学技术出版社，2021
12. 彭剑锋，张望军：《职位分析技术与方法》北京：中国人民大学出版社，2004

第二章　工作分析流程

在人力资源管理的各个环节中，工作分析是最为基础的环节之一，但同时它也是非常复杂、烦琐和极具挑战性的工作。

工作分析的复杂性不但决定了它在实施中需要有较高的专业素质作为保证，而且必须要对工作分析的流程有清晰的认识，要对整个工作分析工作进行统筹规划和对工作分析过程进行有效的控制。一套科学的工作分析程序可以有效地指导企业进行工作分析活动，使企业避免走弯路，大大节省操作成本。

通常，工作分析的实施过程分为：工作分析前的准备、工作信息收集、工作信息分析、工作分析结果形成及工作分析的应用与反馈阶段五个阶段。

第一节　工作分析前的准备阶段

一、确定工作分析目的

在工作分析前要明确工作分析的目的，向员工宣传，帮助员工理解工作分析的价值，以便制定切合实际的管理制度和管理机制，从而调动员工的积极性，提高工作效能。工作分析的目的就是工作分析所获得信息的用途，它直接决定了需要搜集的信息，以及使用何种方法来搜集这些信息。

工作分析的组织和实施投入较大，需要花费大量的时间、精力和金钱，因而在实施方案前，要确保它有助于某个或某些问题的解决。

在企业管理过程中，解决不同的管理问题（如员工缺席率高、事故多、劳动生产率低、太多牢骚等）所需要的信息及其组合各不相同。有些技术对于编写工作说明书和为空缺的工作岗位甄选雇员是极为有用的。例如，同在工作岗位上的雇员进行面谈，让他们自己说出所从事的工作的任务是什么，以及他们自己所负有的责任有哪些。而另一些工作分析技术，则不能提供上面所需要的那种描述性信息，因而无法满足编写工作描述这一任务的需要，但它所提供的信息却有助于对工作进行量化排序，可以使得我们对各种工作进行对比，因此，在确定工作报酬时，这种工作分析技术就十分有用了。

由于以上这些原因，你在工作分析开始的第一步，就必须首先确定工作分析所得出的信息将被用于何种目的，只有这样你才能确定采用何种相关技术去搜集这些信息。

工作分析一般可以有以下目的：

（1）选拔和任用合格的人员。通过工作分析，能够明确的规定工作职务的近期和长期目标；掌握工作任务的静态和动态特点；提出有关人员的心理、生理、技能、文化和思想等方面的要求，选择工作的具体程序和方法。在此基础上，确定选人用人的标准。有了明确而有效的标准，就可以通过心理测评和工作考核，选拔和任用符合工作需要和职务要求的合格人员。

（2）制定有效的人事预测方案和人事计划。每一个单位对于本单位或本部门的工作职务安排和人员配备，都必须有一个合理的计划，并根据生产和工作发展的趋势做出人事预测。工作分析的结果，可以为有效的人事预测和计划提供可靠的依据。在职业和组织面临不断变化的市场和社会要求的情况下，有效地进行人事预测和计划，对于企业和组织的生存和发展尤其重要。一个单位有多少种工作岗位，这些岗位目前的人员配备能否达到工作和职务的要求，今后几年内职务和工作将发生哪些变化，单位的人员结构应做什么相应的调整，几年甚至几十年内，人员增减的趋势如何，后备人员的素质应达到什么水平等等问题，都可以依据工作分析的结果做出适当的处理和安排。

（3）设计积极的人员培训和开发方案。通过工作分析，可以明确从事的工作所应具备的技能、知识和各种心理条件。这些条件和要求，并非人人都能够满足和达到的，必须需要不断培训，不断开发。因此，可以按照工作分析的结果，设计和制定培训方案，根据实际工作要求和聘用人员的不同情况，有区别、有针对性的安排培训内容和方案，以培训促进工作技能的发展，提高工作效率。

（4）提供考核、升职和作业的标准。工作分析可以为工作考核和升职提供标准和依据。工作的考核、评定和职务的提升如果缺乏科学依据，将影响干部、职工的积极性，使工作和生产受到损失。根据工作分析的结果，可以制定各项工作的客观标准和考核依据，也可以作为职务提升和工作调配的条件和要求。同时，还可以确定合理的作业标准，提高生产的计划性和管理水平。

（5）提高工作和生产效率。通过工作分析，一方面，由于有明确的工作任务要求，建立起规范化的工作程序和结构，使工作职责明确，目标清楚；另一方面，明确了关键的工作环节和作业要领，能充分地利用和安排工作时间，使干部和职工能更合理的运用技能，分配注意和记忆等心理资源，增强他们的工作满意感，从而提高工作效率。

（6）建立先进、合理的工作定额和报酬制度。工作和职务的分析，可以为各种类型的各种任务确定先进、合理的工作定额。所谓先进、合理，就是在现有工作条件下，经过一定的努力，大多数人能够达到，其中一部分人可以超过，少数人能够接近的定额水平。它是动员和组织职工、提高工作效率的手段，是工作和生产计划的基础，也是制定企业部门定员标准和工资奖励制度的重要依据。工资奖励制度是与工资定额和技术等级标准密切相关的，把工作定额和技术等级标准的评定建立在工作分析的基础上，就能够制定出比较合理公平的报酬制度。

（7）改善工作设计和环境。通过工作分析，不断可以确定职务的任务特征和要求，建立工作规范，而且可以检查工作中不利于发挥人们积极性和能力的方面，并发现工作环境中有损于工作安全、加重工作负荷、造成工作疲劳与紧张以影响社会心理气氛的各种不合理因素。有利于改善工作设计和整个工作环境，从而最大程度地调动工作积极性和发挥技能水平，是人们在更适合于身心健康的安全舒适的环境中工作。

（8）加强职业咨询和职业指导。工作分析可以为职业咨询和职业指导提供可靠和有效的信息。职业咨询和指导是劳动人事管理的一项重要内容。

由此可见，工作分析目的不同，所需要采集、处理的工作信息内容和工作分析的工作量不同，工作分析人员的选择不同，所需费用也不同。所以进行工作分析首先需要的就是要明确工作分析的目的。

在明确工作分析的目的之后，也并不是说可以立即进行这项工作了。工作分析是一个复杂的系统工程，满足一定的前提条件才可以正式开始操作。另外，要结合工作分析的目的以及企业的具体情况选择相适宜的工作分析方法，考虑是否有充分的人力资源来保证工作分析的开展，成立工作分析小组，必要时还应对他们进行培训等。

二、取得认同与合作

对于所有的工作分析计划方案，不论是组织领导还是政府机构或企业的领导者，让其充分了解方案目标、合作方法、所需费用、所耗精力，都是很重要的。因此，在计划实施前，应该把工作分析方案和计划向上级领导报告并争取他们的支持。

为了保证工作分析工作的顺利进行，使上级领导能够深刻理解工作分析的方案，应向其他人对计划方案做出解释，并与下属一起积极推行计划方案。此外，工

作分析还应尽量取得中层管理者的理解，因为在计划的实施过程中，这部分员工起着举足轻重的作用。

总之，不论工作分析计划的可行性有多大，都要经过最高领人、中层领导和员工代表的共同讨论，让他们充分理解计划方案，并相信这对组织、个人都有好处。

案例：

在 A 房地产公司面临着严峻形势时，在总经理的支持下，人力资源部进行了人力资源管理的改革。人力资源总监认为，工作分析应该是改革的第一步，而且是基础的一步，为了走好这一步，他向总经理提出了几项申请。首先他要求公司聘请一名工作分析专家作为本次工作分析的顾问；其次他希望各部门的核心成员参与工作分析工作的相关培训；最后他想召集一个工作分析的动员大会，让全体成员了解工作分析的作用，积极配合进行工作分析。但是总经理认为最近公司业绩不佳，工作分析不能太影响日常工作，只答应为工作分析的工作提供一笔经费，召集各部门核心成员就工作分析开一次会，然后通过公司内部网和部门会议向普通员工宣传工作分析。

你认为人力资源总监提出的三项申请合理吗？在总经理给出的条件下人力资源部能不能做好工作分作的前期准备？他们可能会遇到哪些困难？

三、明确分析对象

当组织规模较大时，我们不可能分析全部职位的工作，因此要决定先分析哪些，然后分析哪些。客观条件千差万别，应该本着因地制宜的原则进行选择。

为了保证工作分析结果的有效性，要选择具有代表性、典型性的工作作为分析对象。特别是当需要分析的工作有很多，但它们又彼此比较相似的时候，例如，对流水线上的工人所做的工作进行分析，如果我们对他们所做的工作一个一个进行分析，必然非常耗费时间。这种情况下，选择典型工作进行分析显然是十分必要同时也是比较合适的。

四、确定并培训工作分析小组

（一）选择工作分析人员

工作分析的过程是收集工作信息的过程。工作分析的顺利进行需要有较高的专业知识和技能要求作保证。工作分析小组是为进行工作分析而临时组建的团队。工作分析人员的数量和专业知识、经验结构则视工作分析的目的、任务、工作量而定。企业在进行工作分析时，通常要选择工作分析人员并成立工作分析小组来对整个工作分析的过程和结果负责。

那么，怎样来组建一支高效精干的工作分析小组呢？一般来说，通常包括企业高层管理者、工作分析专家、工作任职者和任职者的上级主管、人力资源部专员。

1. 企业高层管理者

工作分析是一个复杂的系统工程，它不是人力资源部门单独所能解决的，工作分析必须获得企业高层及各级管理人员的认可和支持。因此在工作分析小组构成的基础上，除了工作分析人员之外，一般会有企业高层领导任组长，而且部分核心部门的负责人也会参与进来，以使工作分析在组织内获得最大限度的支持。另外，由于他们通常是工作分析结果的验收者，企业高层管理者的参与使工作分析结果与实际工作需要更相符合。

2. 工作分析专家

工作分析专家可以来自组织内部，通常是人力资源部门或业务流程研究部门；也可以来自组织外部的专业机构。无论来自组织内部还是组织外部，这些工作分析专家都有一个共同的特点，就是他们都经过专门的训练，能够系统地收集和分析工作信息。他们一般都接受过一种或几种工作分析方法的训练，通常采用访谈或观察的方法来收集工作信息。

关于请组织外部的专家还是由组织内部的专业人员来实施工作分析的问题，没有特定的答案，因为这要依据具体的情况。在很多组织中没有受过专门训练的实施工作分析的专业人员，这些组织不愿吸收专业的工作分析人员作为正式的员工，因为在无须进行工作分析的时候，这些人员将是一种浪费。在这样的情况下，只能聘请外部的专业人员来进行工作分析。

聘请外部专家进行工作分析的优缺点如下：

（1）优点：

①聘请外部专家来实施工作分析比在组织内部保留专职的工作分析人员更节省费用。

②外部专家作为组织外部的人员，对组织内部问题的分析会更加客观、可信。

③外部专家往往具有在不同组织中实施工作分析的经验，而组织内部的人员往往不具备其他组织中的经验。

（2）缺点：

①当工作地点分布较广时，在差旅、时间及相关方面花费的费用会比较高。

②工作分析的专家对具体的工作业务缺乏了解，他们会花费大量时间去了解工作业务，可能影响工作分析的进程。

③有的情况下，工作任职者会感到外部专家的压力，对外部专家不能完全接

受，在提供与工作相关的信息方面会受到限制。

企业不可避免会涉及这样一个问题，即决定何时应该从外部聘请咨询顾问来进行工作分析而不是利用企业的内部资源来进行。对这个问题并没有具体的、确定的答案，因为这取决于特定的情景。其关键性问题就是：组织中是否可以找到合适的、有资格的人来完成工作分析这项任务？对于是否要聘请外部咨询专家介入，一般情况下，以下一些原则可以作为决策的参考：

(1) 工作分析是否是经常性的。

如果工作分析只是一时只需，那么聘用外部咨询专家可能要比使用内部资源开发工作分析能力更为经济。

(2) 工作分析的成本。

企业往往会低估使用内部资源进行工作分析的成本。聘用咨询顾问并按照协议的工作范围进行工作分析所需要支付的酬金要比使用内部资源所花费的成本容易预测。

(3) 人才培养与工作效率。

对于组织中那些对工作分析方法不在行的工作人员而言，自己动手做工作分析经证明是一种有价值的学习经验。然而，可以预料这会带来较慢的项目进展、较低的工作质量，以及出现较多错误的可能性。

(4) 工作分析的信度。

内部工作人员与外部咨询专家相比进行的工作分析，信度相对较低。

(5) 工作分析质量对企业的影响。

出于甄选标准开发与确认的目的，工作分析必须遵循合法性和技术性标准，因此使用内部人员进行工作分析（他们往往缺乏经验），出现错误而给企业带来损失的可能性就比较高。由于这些严格的合法性和技术性标准，使得企业必须要用受过专业技能训练的人来进行工作分析，咨询顾问无疑是一个比较好的选择。

正常情况下，在工作分析小组中至少需要一名工作分析专家，他应该有着良好的专业知识技能和相当丰富的工作分析经验，这是保证工作分析有效进行的基本保证。

3. 工作任职者

一般来说，工作任职者最了解工作内容，他们有可能提供关于工作的最真实、可靠的信息。关键在于，他们能够描述工作实际上是怎么做的，而不是工作应该怎么做。

使用工作任职者收集工作信息时，往往会遇到以下几个问题：

(1) 工作任职者不一定愿意报告他们工作的内容，因此需要对他们工作的重要性加以强调，并使用一定的激励手段以提高他们在工作分析中的投入程度。

（2）工作任职者往往需要接受关于收集工作信息方法的培训。

（3）一部分工作任职者往往会带有功利目的，夸大他们的工作，例如夸大自己工作的复杂性以期提高自己的薪资等级。

尽管使用工作任职者收集工作信息会出现上面一些问题，但也有一些好处：

（1）工作任职者能够提供关于工作的完整的信息。

（2）通常可以使用大量的任职者对同一职位的工作提供信息。

（3）当需要对大量的职位进行工作分析时，使用工作任职者来收集工作信息是最有效率的方法。

收集工作信息的工作任职者必须经过认真的挑选，他们往往需要满足以下条件：

（1）参加工作分析的工作任职者必须是自愿的，这样他们在工作分析中才有比较高的兴趣和参与热情。

（2）收集工作信息的工作任职者必须具有比较好的口头交流、阅读和书面表达能力。

（3）工作任职者至少在待分析的职位上工作 6 个月以上，这样他们才有可能提供关于该职位的全面和准确的信息。

当某个职位上的工作任职者数量较少时，一般使用所有符合要求的人收集工作信息；当某个职位上的工作任职者数量较多时，需要对符合要求的工作任职者进行取样，取样时要充分考虑性别、年龄、工作时间、工作地点等方面的因素，保证样本具有代表性。

4. 工作任职者的上级主管

任职者的上级主管监控任职者从事工作，他们有机会观察任职者的工作，能够客观地提供工作信息。使用任职者的上级主管收集工作信息的一个假设前提是他们在工作中与工作任职者有密切的关系，能够提供其下属工作的全面信息，他们很清楚地知道其下属做了些什么，并能对下属的工作活动做出相应的判断。然而，任职者的上级主管往往倾向于从任职者"应该"怎样做的角度去描述任职者的工作，而不是从任职者"实际上"是怎么做的角度去描述任职者的工作。

通常，任职者的上级主管并不作为主要的工作信息收集者，往往需要他们对已经收集来的工作信息进行检查与证明。

5. 人力资源部专员

他们主要负责联络协调以及工作分析的具体实施，一般由企业内部的人力资源部员工担任。

不管是哪一类型的工作分析人员，他们都应具备以下条件：

• 具有人事管理、心理学的一般知识，对工作分析的技术与程序比较了解

- 应掌握观察、面谈、记录等技巧；
- 具备较强的文字表达能力；
- 应有被分析的工作的常识；
- 有较强的责任心、耐心；
- 应有良好的理解力、记忆力和分析能力；
- 应有获得他人信赖与合作的能力。

（二）培训工作分析人员

在工作分析小组组成之后，需要对他们（尤其是在工作分析过程中承担实际操作任务的成员）就如何进行工作分析进行培训。培训一般主要由专家对工作分析小组成员进行，为在工作思路、工作方法上达成一致，避免出现误解和偏见，需要在小组内部由专定对其成员进行培训，可以把重点放在工作方向、工作方法等较为宏观的内容上。培训时，主要由专家对工作分析的意义、使用工具的特点进行讲解，对项目用语的标准含义、施测指导语、施测过程的引导和控制进行统一规定，回答成员的质疑，并对有歧义的地方进行讨论和确定。

从本质上看，培训工作是想让工作分析者找到如何分析的感觉，而不是去机械地学习分析规则。

案例：某大型传媒公司为实现有效的组织运行，着手实施工作分析。某大学专家组和该公司的有关人员共同组成了工作分析小组。该公司的组成情况是这样的：某大学的专家组，负责工作分析项目的总体策划与实施；该公司的人力资源部人员，作为项目的协调与联络人；该公司的部门主管，作为项目的直接配合者；该公司的高层领导一名，提出总体的原则并对工作分析结果进行验收。

第二节 工作信息收集阶段

信息收集是工作分析中的核心工作，只有在掌握了大量相关资料的基础上，依此得出的工作分析结果才有可信度。

一、工作信息收集的范围与内容

信息包罗万象，范围广泛，不可能所有信息都是工作分析所需要的，所以在收集信息之前，一定要明确工作分析的信息收集对象。通常工作分析的目的不同，工作信息收集的范围也不相同。在企业管理过程中，解决不同的管理问题（如工作流程不畅、岗位设置不合理、岗位职责不清晰、员工积极性不高等）所需要收集的信息种类及其组合都不尽相同。因此，在进行工作分析时，要针对工作分析的目的，选择工作信息收集的范围。也就是说，选择哪些信息资源、找哪些人面谈、看哪些现场、记录哪些活动、调阅哪些资料都应根据工作分析的目的和任务来进行具体设计和选择，力求做到有的放矢。

工作信息的收集要确保以下几个原则：

（1）可靠性原则。该原则要求所收集到的信息要真实，可靠。当然，这个原则是信息收集工作的最基本的要求。为达到这样的要求，信息收集者就必须对收集到的信息反复核实，不断检验，力求把误差减少到最低限度。

（2）全面性原则。该原则要求所搜集到的信息要广泛，全面完整。只有广泛、全面地搜集信息，才能完整地反映管理活动和决策对象发展的全貌，为决策的科学性提供保障。当然，实际所收集到的信息不可能做到绝对的全面完整，因此，如何在不完整、不完备的信息下做出科学的决策就是一个非常值得探讨的问题。

（3）时效性原则。信息的利用价值取决于该信息是否能及时地提供，即它的时效性。信息只有及时、迅速地提供给它的使用者才能有效地发挥作用。特别是决策对信息的要求是"事前"的消息和情报，而不是"马后炮"。所以，只有信息是"事前"的，对决策才是有效的。

（4）准确性原则。收集的信息与应用需求密切相关且表达无误。准确性原则保证信息的价值。

（5）易用性原则。收集到的信息具备适当的表示形式，便于使用。

并且，为了确保工作信息收集的质量、减少信息分析的工作量，我们要对工作分析所需要的各类工作信息有一个概括性的认识。一般讲，工作分析所需信息的主要类型有以下几种：

（1）工作活动。指任职者必须进行的与工作有关的活动。包括工作任务是如何完成的、为什么要执行这项工作、什么时候执行这项工作、与其他工作和设备的关系怎样、工作的程序如何、承担这项工作所需要的行为和动作以及工作要求怎样等。

（2）机械设备。主要是指工作中使用的机器、工具、设备、辅助设施和材料，也包括生产过程中加工什么样的材料，生产什么样的产品等。

（3）工作条件。包括工作环境、劳动强度、工作背景、工作进度安排、报酬等。

（4）对任职者要求。包括工作对人的要求是什么，即工作本身对其任职者的知识技能（教育水平、培训经历、工作经验等）以及个人特性（才能、生理特征、兴趣等）有何种要求。

国外人事心理学家从管理角度提出了著名的工作分析公式，把工作分析所要回答的问题归纳为 6W1H，即做什么（What）、为什么做（Why）、让谁做（Who）、何时做（When）、在哪里做（Where）、为谁做（for whom）、如何做（How）。

（1）做什么（What）？是指所从事的工作活动。主要包括以下几个方面：

①任职者所要完成的工作活动是什么。

②任职者的这些活动会产生什么样的结果或产品。

③任职者的工作结果要达到什么样的标准。

（2）为什么做（Why）？表示任职者的工作目的，也就是这项工作在整个组织中的作用。主要包括以下内容：

①做这项工作的目的是什么。

②这项工作与组织中的其他工作有什么联系

③这项工作对其他工作有什么影响

（3）让谁做（Who）？是指对从事某项工作的人的要求。主要包括以下内容：

①从事这项工作的人应具备什么样的身体素质。

②从事这项工作的人必须具备哪些知识和技能。

③从事这项工作的人至少应该受过哪些教育和培训。

④从事这项工作的人至少应预备什么样的经验。

⑤从事这项工作的人在个性特征上应具备哪些特点。

⑥从事这项工作的人在其他方面应具备什么样的条件。

（4）何时做（When）？表示在什么时间从事何项工作活动。主要包括以下内容：

①哪些工作活动是有固定时间的，在什么时候做。

②哪些工作活动是每天必做的。

③哪些工作活动是每周必做的。

④哪些工作活动是每月必做的。

（5）在哪里做（Where）？表示从事工作活动的环境。主要包括以下内容：

①工作的自然环境，包括地点（室内与户外）、温度、光线、噪声、安全条件等。

②工作的社会环境，包括工作所处的文化环境（例如跨文化的环境）、工作群体中的人数、完成工作所要求的人际交往的数量和程度、环境的稳定性等。

（6）为谁做（for whom）？是指在工作中与哪些人发生联系，发生什么样的联系。主要包括以下内容：

①工作要向谁请示和汇报。

②向谁提供信息或工作结果。

③可以指挥和监控何人。

（7）如何做（How）？是指任职者怎样从事工作活动以获得预期的结果。主要包括以下内容：

①从事工作活动的一般程序是怎样的。

②工作中要使用哪些工具，操纵什么机器设备。

③工作中所涉及的文件或记录有哪些。

④工作中应重点控制的环节是哪些。

当然，具体收集哪些信息还要视工作分析的目的而定

一般情况下，在实际工作分析中所需要收集的信息一般包括以下内容：

（1）工作的范围与主要内容。

（2）工作的具体职责。

（3）胜任工作所需的相关知识。

（4）胜任工作所需具备的技能。

（5）工作要求的灵巧与正确程度。

（6）工作要求具备的相关经验。

（7）与工作设备相关的操作技能。

（8）必要的年龄限制。

（9）所需的教育程度。

（10）技能的培养要求。

（12）学徒（见习期）要求。

（13）与组织内其他工作的关系。

（14）作业时的身体姿态。

（15）有关作业环境的信息。

（16）作业对身体的影响。

（17）劳动强度。

（18）特殊心理品质要求。

二、工作信息的来源

为了做好工作分析，在收集工作相关资料之前，有必要了解工作分析所需信息的来源。工作分析信息来源主要有以下 4 种：

（一）书面材料

企业里一般都有关于现任岗位的资料记录以及岗位责任说明，这些资料对工作

分析非常有用。例如，企业的组织结构图、以前的职位说明书与职位规范、供招聘用的广告等。需要强调的是，在对各种信息的收集过程中，很重要的一个信息来源就是调用组织原有的背景资料，这些背景材料包括企业组织图、岗位配置图、工作流程图以及原有的工作说明书等。有效利用这些背景资料，不仅有利于工作分析人员很快地对组织现状进行了解，更重要的是它们可以在很大程度上降低工作信息收集的难度和工作量。组织图可以显示出各个工作岗位与组织中的其他的工作岗位的关系，以及它在整个组织中的地位，组织图不仅明确了每一个岗位的名称，而且用相互连接的直线明确表明了各个岗位间地相互关系，诸如谁应当向谁汇报工作、工作的承担者将同谁进行信息交流等。岗位配置图能够清晰地表明组织中现有岗位的人员配置情况，有助于工作分析者更好地对那些诸如一人多岗和多人同岗的问题进行判断和处理。工作流程图可以提供比组织机构图更详细的有关工作方面的信息，这对现有工作流程进行优化和调整是非常重要的。原有的工作说明书也是提取工作信息、审查并重新编写工作说明书的一个很好的起点。

（二）任职者提供的信息

任职者对自己的工作最清楚。若任职者能客观真实地提供并描述工作的实际情况，这将是工作分析中很有价值的信息。从任职者处获取信息主要有两种方式：一种是通过工作分析者与任职者面谈，要求任职者自己描述所作的主要工作以及是如何完成的。这种面谈对现有岗位的分析是很重要的一环，但是很难保证所有的工作要素都能在面谈中涉及，而且任职者本人所提供的信息难免会有失客观。另一种方式是要求任职者做工作日志、填写工作分析调查问卷等，通过这种方式得到比较详细的工作信息。由于这是在工作中完成，所以可以避免主观性和由于回忆而造成的失误，但这是一种很费时的方法。

（三）同事提供的信息

除了直接从任职者那里获得有关资料外，也可以从任职者的同事（包括上级、下级）等处获得资料。因为任职者提供的信息具有主观性，有时难免会失真，所以同事提供的信息有助于通过对比分析弥补仅从任职者那里获得资料的不足与偏颇，增强信息的真实有效性。对于结构性问卷比如工作分析问卷，通过上级的评价还可以检查其结果是否是有效的。

（四）直接的观察

到任职者的现场进行直接的观察也是一种获取有关工作信息的方法。尽管工作分析人员出现在任职者工作现场对任职者会造成一定影响，但只要注意方式与方法，仍能够得到一些其他方法所不能提供的信息。

除此之外，工作分析的资料还可以来自顾客和用户等处。尽管信息的来源多种多样，但作为工作分析人员，要寻求最为可靠的信息来源渠道，以避免信息失真。

三、工作信息收集方法

收集工作信息的方法多种多样，有定性的方法，也有定量的方法；有以考察工作为中心的方法，也有以考察任职者特征为中心的方法。那么具体在开展工作分析时，如何选择最有效的方法呢？

在选择收集工作信息方法时，首先要考虑工作分析所要达到的目。目的不同，使用的方法也有所不同。例如，当工作分析用于招聘时，就应该选用关注任职者特征的方法；当工作分析关注薪酬体系的建立时，就应选用定量的方法，以便对不同工作的价值进行比较。

其次，选择收集工作信息的方法时，要考虑所分析岗位的不同特点。例如，有的岗位的活动比较外显体力活动，以操作机器设备为主，那么这样的岗位就可以使用现场观察法；而有的岗位的活动以内隐的脑力活动为主，不易进行观察，那么运用观察法对这样的岗位收集工作信息就会不适合。再比如，有些方法要求被调查者具有一定的书面表达能力，如开放式问卷，一些文化水平要求较低的岗位任职者就无法回答。

另外，选择工作信息的收集方法时，还应考虑实际条件的限制。有些方法虽然可以得到较多的信息，但可能由于花费的时间或财力较多而无法采用。例如面谈法可以较深入地从工作任职者处获得信息，但它需要地时间较长。而问卷法虽然获得的信息有限，但可以让人多人同时作答，效率就高，适合在时间要求较紧的情况下采用。

实际上，每一种收集工作信息的方法都有其独特之处，各有其适合的范围，各有其优缺点，并不存在一种普遍适用的或最佳的方法。在进行工作分析时，应该根据具体的目的和实际状况，有针对地选择一种或几种方法，这样才能取得较好的效果。

在选定了收集信息的方法之后，有的方法需要实现设计一定的程序或准备一定的文件。例如，面谈的提纲、调查问卷、观察的记录表格等。

工作分析所需要的信息收集方法虽然有多种，但最常用的是面谈法、问卷法、观察法以及工作日志法、关键事件法等（这些将在下一章节重点讲述）。总体情况而言，在工作分析中很少只单独使用一种信息收集方法，往往都是将不同的信息收集方法加以结合，取长补短，以求更好地获得各种所需要的工作信息。

第三节　工作信息分析阶段

对工作信息进行分析就是将利用各种信息收集方法所收集到的信息进行统计、分析、研究、归类的一个过程，是整个工作分析过程的核心部分。对工作信息进行分析是为了获得各种规范化的信息，如重点工作项目、任职资格要求等，并最终形成格式统一的工作说明书。在信息分析阶段除了利用所收集到的一手资料，还可以参照企业以前的工作分析资料和同行业中其他企业相同岗位的相关工作分析资料，提高信息分析的可靠性。而且在工作信息分析过程中，工作分析人员如果对工作信息产生疑问，应请基层管理者提供帮助，进行检验、核实。

对工作信息进行分析，不仅仅是针对某一岗位或是某一个工作信息进行分析，而是通过对所收集工作信息进行归纳、整理、分类等处理，按照工作流程发生的先后顺序或者是按照不同工作之间逻辑上的一致性，将整个工作团队乃至部门甚至组织的全部工作信息进行梳理，进而得出部门的工作任务清单，并在组织内部岗位相对确定的情况下，进一步分析权限关系，形成部门工作任务及权限分配一览表。这对组织理清内部工作和权限关系、分析工作流程的合理性、对绩效形成过程进行有效控制以及组织结构的优化和调整等都具有重要意义。

一、工作信息分析的内容

一般来说，对工作信息的分析应从以下几个方面进行：

（1）职位名称分析。对职位名称进行分析时，应注意使职位名称标准化，并符合人们一般的理解，使人们通过职位名称可以了解职位的性质和内容。命名应准确，不易发生歧义；名称应有美感，切忌粗俗。

（2）工作内容分析。工作内容分析是为了全面地认识了解工作。其具体内容包括：

①工作任务。明确规定某职位所要完成的工作活动或任务，完成工作的程序与方法，所使用的设备和材料。

②工作责任与权限。以定量的方式确定工作的责任与权限。例如，财务审批的金额、准假的天数等等。

③工作关系。了解和明确工作中的关联与协作关系。该职位会与哪些工作发生关联关系，会对哪些工作产生影响，受到哪些工作的制约，与谁发生协作关系，可以在哪些职位范围内进行晋升和岗位轮换。

④工作量。确定工作的标准活动量。规定劳动定额、绩效标准、工作循环周期等。

（3）工作环境分析。主要包括：

①工作的自然环境。包括环境中的温度、湿度、照明度、噪音、震动、异味、粉尘、辐射等，以及任职者与这些环境因素接触的时间。

②工作安全环境。主要包括工作的危险性，可能发生的事故、事故的发生率和发生原因，对身体的哪些部分易造成危害以及危害程度，易患的职业病、患病率以及危害程度等。

③社会环境。主要包括工作地点的生活方便程度、环境的变化程度、环境的孤独程度、与他人交往的程度等。

（4）工作任职者的必备条件分析。确定工作任职者所应具有的最低资格条件。主要包括：

①必备的知识。具体包括最低学历要求，有关理论知识和技术的最低要求（例如，使用机器设备的操作方法、工艺流程、材料性能、安全知识、管理知识和技能等），对有关的政策、法令、规定或文件的了解和掌握程度等。

②必备的经验。包括过去从事同类工作的时间和成绩，应接受的专门训练的程度，完成有关工作活动的实际能力等。

③必备的身体素质。工作任职者应具备的行走、跑步、攀登、站立、平衡、旋转、弯腰、举重、推拉、握力、耐力、手指与手臂的灵巧性、手眼协调性、感觉辨别力等。

④必备的操作能力。通过典型的操作来规定从事该职位的工作所需的注意力、判断力、记忆力、组织能力、创造能力、决策能力等。

⑤必备的个性特征。工作任职者应具备的耐心、细心、沉着、诚实、主动性、责任感、支配性、情绪稳定性等方面的特点。

美国劳动部规定工作分析应包括16项基本分析项目：①工作内容；②工作职责；③有关工作的知识；④精神方面的技能；⑤灵巧程度；⑥经验；⑦年龄；⑧教育；⑨技能培训；⑩见习制度；⑪和其他工作的联系；⑫身体动作；⑬工作环境；⑭工作对身体的影响；⑮身体状况；⑯所需体质。

总之，工作信息分析的项目很多，凡是一切与工作有关的资料均在分析的范围之内，分析人员可视不同的目的，全部予以分析，也可选择其中必要的项目予以分析。

二、工作信息分析应注意的问题

从事工作分析的人员主要是收集与完成和某项工作有关的资料。参加工作分析

的人应该包括员工及其直接上级。缺乏专门人才的组织经常利用外部的顾问来从事工作分析。在进行一项工作分析以前,工作分析人员要靠检查组织的图表、与熟悉研究对象的人进行沟通,才能了解该工作尽可能多的信息。在分析开始之前,管理者应该向员工介绍工作分析人员,并解释工作分析的目的。虽然工作分析者无法控制员工的态度,但是应尽量与被分析对象之间建立互相信任的关系。如果不能做到这一点,将会对一个技术上合理的工作分析产生损害。

在进行工作分析活动中,必须很好地处理下列一些问题,从而保证此项工作的顺利进行。

(一) 管理层的支持

没有管理层的认同和支持,无法有效地完成工作分析及工作说明书的编写。组织的人事部门应协助管理阶层筹划建立政策和确定方向,并且将这个信息传递给整个组织,以获得一致的支持。有关的信息不需要包括详细的程序、表格或方法,但应包括:

(1) 此项活动的目的;

(2) 负责带领及管理活动的人或部门、小组;

(3) 完成活动的时间表;

(4) 如果遇到争执的局面或疑难,谁会负责解释及做最终决定(通常是由总经理做出最后决定)。

(二) 管理阶层与下属的合作

组织中的不同层次的主管都会与下属一起直接参与工作说明书的编写活动。因为主管需要策划及分配每一直接下属的岗位职权和任务,并与人力资源部门合作完成各岗位的工作说明书。三者往往需反复磋商,才能敲定一份说明书。

主管的具体工作就是将描写工作说明书的工作任务告之下属,要详细地向下属说明编写工作说明书的目的、方法、程序及说明书对个人、机构的影响。

组织应鼓励主管与下属进行沟通,达成彼此理解及愿意接受的说明书,因为以后个人工作表现的评估也会在很大程度上以工作说明书为依据,主管可选择以下途径完成描写职位说明书工作。

途径A:给予下属指导后(必要时有人力资源部门负责人一起给予下属指导)由下属自己描写工作说明书。其后由管理者收集、与下属讨论、分析、修订,再由人力资源部门确认,呈交高层领导审核。

途径B:主管自己负责描写所有直接下属的岗位,完成后与下属讨论,经修订同意后再由人力资源部门确认并呈交高层领导审核。

采用 A 方法可以让下属有被尊重的感觉，会产生较大的工作投入感及积极性。但主管则需要有极大的耐心，容忍他们的错误及花时间多次沟通给予指导，这种具有民主性及互相沟通的从属关系会令下属有完成自己所定工作目标的强烈责任感，对工作的开展有意想不到的好处。B 方法的好处是较省时，但主管必须充分了解下属的工作性质、范畴及应有的表现，还要获得下属对所分派工作的认同，才可以在日后顺利开展工作。

无论组织会采取那种方法，人力资源部门主管须负以下责任，以保证工作说明书对组织的贡献。

(1) 协助有关的主管及其下属了解如何编写工作说明书；

(2) 跟进编写工作说明书的工作进度；

(3) 向最高管理层反映编写工作说明书过程中遇到的困难，同时提供解决方法的建议；

(4) 工作说明书系统建立后，确保人力资源部门会妥善存放每份说明书，而且会随组织或机构的改变而更新换代。

要注意的是，一份工作说明书并不会随任职者的去留而改变，因为有关职位的性质及要求并无变更。人力资源部门仍会按照原来的要求，聘用新员工。

（三）增加员工的参与程度

如果工作为增加激励而设计，那么它将有利于清楚地理解什么样的工作特性可以提高员工的参与。最近，一个分析工作的概念性框架已经发展起来。框架中的五个核心内容是：

(1) 技能的多样性：也就是完成一项工作涉及的范围。包括各种技能和能力。

(2) 工作的完整性：即在多大程度上工作需要作为一个整体来完成——从工作的开始到完成并取得明显的成果。

(3) 任务的重要性：即自己的工作在多大程度上影响其他人的工作或生活——不论是在组织内还是在工作环境外。

(4) 主动性：即工作在多大程度上允许自由、独立，以及在具体工作中个人制定计划和执行计划时的自主范围。

(5) 反馈性：即员工能及时明确地知道他所从事的工作的绩效及其效率。

若一位管理者希望通过增加工作的多样性、完整性、重要性、自主性、反馈性以丰富工作的内容，他可采取以下 5 个步骤：

(1) 确定自然的工作单元。这意味着尽可能让集体工作构成一个完整和有意义的整体。工作单元可以根据地理位置、产品或生产线、业务或顾客来划分。

(2) 合并任务。即尽可能把独立的和不同的工作合成一个整体。

（3）建立和顾客之间的联系。这意味着使生产者和他的产品的使用者（其他部门、顾客、销售团体等）相联系，这样可以让生产者知道产品被判断的标准。

（4）直接分派任务。即尽可能地给生产者计划、参与、控制自己工作的权力。这样，不需要经过其他部门专门培训，生产者的控制能力就会获得提高。这种控制能力也意味着给生产者计划工作、控制货存、预算资金和质量控制的权责。

（5）公开信息反馈渠道。这意味着尽可能给生产者更多的有关生产结果的信息，如成本、产量、质量、组织结构、消费者的抱怨等。

（四）关注关键成效领域

近年来，在岗位规范阶段普遍注意对特定岗位规定明确的"关键成效领域"。这种方法非常强调取得成效，因此重点放在产出而不是投入。产出可以从质量、数量、用时和费用等方面衡量。"关键成效领域"的特点是根据书面的指标（如产出质量、数量等）为新聘人员设立目标，从而为后续的业绩评估打下基础。

近来岗位规范中越来越多地利用到一些词语反映人力资源管理方面发生的文化变革（如创造性的变革管理、面向业绩），因此，如倡议、获取、激励等都成了常用词。与岗位规范的形式和内容有关的另一项新发展是看重取得优异岗位业绩所需的关键能力。这种能力可能涉及个人在交际、解决问题、有效使用授权、成为和谐的团队成员等多方面的特质。

第四节 工作分析结果形成阶段

在工作结果形成阶段，需要对收集到的信息进一步审查和确认，进而形成工作说明书。

一、审查和确认工作信息

收集到的工作信息，必须经工作任职者和任职者的上级主管进行审查、核对和确认，以避免偏差。这样做可以修正初步收集来的信息中不准确之处，使工作信息更为准确和完善。而且由于工作任职者和其上级主管是工作分析结果的主要使用者，请他们来审查和确认这些信息有助于他们对工作分析结果的理解和认可，为今后的使用奠定基础。另外，收集工作信息的人实际上可能并没有从事过所分析的工作，因此对工作中的一些实际问题和标准并不是很了解，而在这些方面，恰恰是工作任职者和任职者的上级主管最有发言权。让工作任职者和任职者的上级主管共同对工作信息提出意见，也便于发现他们对工作的一些不一致的看法，为他们提供沟通的机会，便于以后更好地开展工作。

二、形成工作说明书

工作说明书是对工作的目的、职责、任务、权限以及对任职者的资格要求等的书面描述。工作说明书是一种重要的管理工具。每一机构的管理阶层都需要去计划、分配工作，继而控制每项工作的进度及成果。所以各层管理人员都需要清楚知道在他的管辖范围内，各下属的任务、职责的分配及工作内容，各成员之间的工作关系，他才可以有效地完成他的管理责任。对一个机构而言，工作说明书可以作为协调各部门运作的基本引导，使得最高管理层能够系统地分配职权、指定责任范围，充分发挥部门间的整体合作。

一般而言，工作说明书包括以下内容：

（1）基本资料。主要包括岗位名称、岗位等级、岗位编码、定员标准、直接上下级、分析日期。

（2）岗位职责。主要包括职责概述和职责范围。

（3）监督与岗位关系。说明本岗位与其他岗位之间在横向与纵向的联系。

（4）工作内容和要求。是岗位职责的具体化，即对本岗位所要从事的主要工作事项做出说明。

（5）工作权限。为了确保工作的正常开展，必须赋予每个岗位不同的权限，但权限必须与工作责任相协调，相一致。

（6）劳动条件和环境。指在一定时间空间范围内工作所涉及的各种物质条件。

（7）工作时间。包含工作时间长度的规定和工作轮班制的设计等两方面内容。

（8）资历。由工作经验和学历条件两个方面构成。

（9）身体条件。结合岗位的性质、任务对员工的身体条件做出规定，包括体格和体力两项具体的要求。

（10）心理品质要求。岗位心理品质及能力等方面要求，应紧密结合本岗位的性质和特点深入进行分析，并做出具体的规定。

（11）专业知识与技能要求。

（12）绩效考评。从品质、行为和绩效等多个方面对员工进行全面的考核和评价。

三、编写工作说明书应注意的问题

在工作说明书编写过程中应注意以下几点：

（1）根据工作分析规范和经过分析处理的信息草拟工作描述与工作规范。

（2）将草拟的工作描述和工作规范与实际工作进行对比。

（3）根据对比的结果决定是否需要进行再次调查研究。

（4）修改工作描述与工作规范。

（5）若有需要，可以重复以上工作，特别是重要的岗位，其工作规范与工作描述应进行多次修订。

（6）形成最终的工作描述与工作规范。

（7）在工作描述与工作规范的基础上形成工作说明书。

（8）将工作描述、工作规范与工作说明书应用于实际工作中，注意收集应用中的反馈信息，并不断完善。

（9）对工作分析本身进行总结评估，注意将工作描述、工作规范与工作说明书存档保存，为今后的工作分析提供经验与信息。

第五节　工作分析的应用与反馈阶段

编写出工作说明书之后，并不是说工作分析的工作就结束了，因为对工作分析结果的应用也是非常关键的。只有应用了工作分析结果，才能体现出工作分析的价值。而且在应用的过程中，可能会发现一些重要问题，通过反馈，可以为后续的工作分析提出要求。具体来说，在工作分析结果的应用与反馈阶段包括两方面的工作：一是职务说明书的使用培训；二是使用职务说明书的反馈与调整。

完成工作分析之后应针对每项工作活动进行检查，以改善或重新设计最有效的工作分析表。常用的方法是定期对每项工作进行如下检查：

可以删除吗？

可以简化吗？

可以合并吗？

可以改良吗？

可以创新吗？

通过以上检查之后，你一定会发觉现有的工作概念、内容、方法或者已经不尽合理，应该改良，或者需要作部分更换，或是发现原有的一套已经完全过时，必须淘汰，以全新的方法代替，否则就不能提高工作质量和附加值。

一、职务说明书的使用培训

职务说明书是由专业人员编写的，而它的使用者是实际从事工作的人员。在进行职务说明书的使用培训时，一方面要让使用者了解职务说明书的意义与内容，了解职务说明书中各个部分的含义；另一方面要让使用者了解如何在工作中运用职务说明书，例如，如何在招聘员工时使用职务说明书，如何根据职务说明书与下属员工确定工作目标和标准，如何根据职务说明书考核员工并提出对员工培训的需求等等。职务说明书由职务描述与职务规范两部分组成，这类似苏联劳动心理学家编制出的职业图谱和心理图谱，职业图谱是描述职业的社会经济的、制造技术的、卫生保健等特征；心理图谱分析了职业对于人的心理要求。职务说明书的精确与否将直接影响到职务分析的有效性。

（1）职务描述。职务描述是经过职务分析收集资料后产生的。职务描述是说明某一职务的职务性质、责任权利关系、主体资格条件等内容的书面文件。

（2）职务规范。职务规范是任职者任用条件的具体说明，二者结合起来构成了针对某一职务的完整、全面、详细的职务说明。

编写职务说明书就是编制职务描述和职务规范两个书面文件。职务规范集中于对任职人员的分析，职务描述侧重于反映工作定向分析的结果，职务描述可用于设计业绩评价形式，职务评价和建立报酬系统，能确定需要完成工作的教育和训练，为设计适当的招聘、选择、训练和开发计划提供依据。

职位说明书根据用途不同有各种不同的标准，通常使用的是内部管理用途的职位说明书，但是烽火猎聘公司根据招聘市场的特点，提出了招聘用职位说明书的提法。内部管理用途的职位说明书的一般是下面的有机组成部分构成的：

（1）职位名称。例如，拿人力资源部门的经理来说，以下简称 HRM。职位名称应该写为经理。

（2）部门名称。HRM 的部门名称应该写为人力资源部。

（3）任职人。要写上任职人的名字。并要有任职人签字的地方，以示有效性。

（4）直接主管。HRM 的直接主管应该写为分管副总经理。要提供直接主管签字的地方，以示有效性。

（5）任职时间。任职时间也就是生效时间，一般也就是与劳动合同的时间一致。

（6）任职条件。包括学历要求，工作经验要求，特殊技能等等。如 HRM 的特殊技能是指掌握现代人力资源管理运作模式，熟悉国内人力资源管理政策法规及人才市场动态等等。

（7）下属人数。指的是部门内所管辖的人数。

（8）沟通关系。一般分为外部与内部两个层面。如 HRM 的内部沟通有分管副总经理，部门经理与员工。外部沟通有上级主管部门，所在城市人事劳动部门，各主要媒体或招聘网站，各主要培训机构，应聘人员或同行，相关行业协会。

（9）职位设置的目的。如 HRM 的职位目的为：根据公司战略发展需求，设计运用人力资源管理模式和相关激励政策，激发员工潜力，开发人才，实现人力资源开发在行业内具有市场领先者的目标。

（10）行政权限。指的是在公司所拥有的财务权限和行政审批权限等。

（11）工作内容和职责。这是职位说明书重之又重的地方，所耗费的笔墨也最多。包括了职责范围与负责程度，衡量标准等。如 HRM 的职责包括这几方面：组织体系与制度；培训；人事考核与绩效评估；招聘；薪酬激励政策；职位管理，部门管理与建设等等。

（12）能力要求与个性倾向与特征等。属于个性化的东西，应该算是职位的修正要求吧。

（13）职业生涯发展规划。包括职位关系与理论支持。职位关系又分为直接晋升的职位，相关转换的职位，升迁至此的职位。理论支持是指学习和培训所达到的相关要求。

二、使用职务说明书的反馈与调整

这一活动将始终贯穿于组织的经营与管理活动之中。由于组织面临的情况总是在不断地变化，组织中的职位、职责也需要在适当的情况下进行调整，这势必会影响到先前所获得的各种工作分析成果的有效运用。如果组织机构改变了，而工作说明书仍是原来的一套，其作用就不能发挥出来，久而久之，工作重叠、职责混淆，管理分配不平衡的问题就会出现。因此，经过工作分析形成职位说明书等成果以后并非就一劳永逸的了，对于职位说明书的管理，是一个动态的管理过程，其贯穿着工作分析的始终。

在此过程中，要注意职务说明书的编制要求，即：

（1）清晰。整个岗位说明书中，对工作的描述清晰透彻，任职人员读过以后，可以明白其工作内容，无须再询问他人或查看其他说明材料。避免使用原则性的评价，专业难懂词汇须解释清楚。

（2）具体。在措辞上，应尽量选用一些具体的动词，如"安装""加工""传递""分析""设计"等。指出工作的种类，复杂程度，需任职者具备的具体技能、技巧，应承担的具体责任范围等。一般来说，由于基层工人的工作更为具体，其岗位说明书中的描述也更具体、详细。

（3）内容可根据岗位分析目的进行调整，可简可繁。

（4）为建立企业岗位分析系统，须由企业高层领导、典型职务代表、人力资源管理部门代表、外聘的岗位分析专家与顾问共同组成工作小组或委员会，协同工作，完成此任务。

在确保以上要点的前提下，分析人员平时应当时刻关注工作内容的最新变化与调整，收集相关的工作信息，特别是在组织结构调整或组织变革的时期，更是需要不断获取各种反馈意见，修正或更新工作说明书以及其他工作分析的成果。

第六节　工作分析中的常见问题与解决办法

一、目的不明确

现实中，有的企业人力资源管理部门对工作分析的目的还不是很明确，出现了单纯为了工作分析而工作分析的现象，从而使人力资源管理的这一核心技术流于形式，没有达到其应有的目的。

人力资源部门对工作分析目的不明确常常会导致工作分析的无效，表现在：

1. 过程失效

没有目的的工作分析往往追求形式上的结果，这样工作分析的过程就得不到重视，工作分析人员就不会把工作说明书的重新编写工作作为企业现有工作的一次大热点，也就达不到工作分析的真正目的，即规范工作流程、明确岗位职责与权限。

2. 工作分析结果得不到有效的应用

对工作分析目的不明确往往是因为对工作分析应用途径的理解不深入，所以就算是在工作分析完成之后，工作分析所得到的结果也不会在日常的管理过程中得到有效的应用。例如，招聘新员工时没有按照工作说明书的岗位要求和任职资格进行选人，没有根据工作说明书开展有针对性的员工培训等。

解决这一问题的方法就是编制出工作分析的管理制度，用书面的形式规定如何使用工作说明书，并定期检查各部门是否按制度执行。要把工作分析与人力资源管理的其他职能紧密结合起来。要明确进行工作分析的主要目的是为整个人力资源管理提供支持。所以工作分析只有与人力资源管理的其他职能结合起来，推动人力资源管理工作顺利进行，才能显示出强大的生命力。实际上，工作分析的过程还是企

业审视自身组织结构与工作流程是否合理的过程,通过工作分析来帮助企业改善工作流程和组织结构,也是工作分析的另一大目的。所以在开展工作分析时,一定要看到工作分析与它的应用途径以及作用之间的关系。孤立的工作分析通常是失败的。搞形式主义,为了工作分析而开展工作分析只会造成企业资源的浪费,激起员工的不满。

二、缺乏战略眼光和系统思维

在现实生活中,我们往往会针对具体的职务开展单个的孤立的工作分析。这样会导致只见树木不见森林的现象。如果在开展工作分析的时候缺乏对企业战略走向的把握,缺乏对组织流程与工作流程之间关系的理解,这样的工作分析是不可能对企业的管理产生积极影响作用的。没有战略导向的工作分析缺少前瞻性,在企业战略改变的时候会很快失效,因为当企业战略改变的时候,具体职务的工作内容、工作性质都会跟着改变。没有系统思维的工作分析不能把企业的工作流程和具体职务工作的流程衔接在一起,因而也无法实现流程的优化。甚至还有可能因为工作和流程的脱节而造成企业的效率低下。

解决这一问题的方法就是在工作分析的时候要先通过组织的战略文件以及流程图等对组织的战略和流程有个大概的了解,然后再根据流程并结合实际情况来进行工作分析。

三、缺乏高层领导支持

有的企业忽视或低估工作分析的作用,导致在绩效评估时无现成依据、确定报酬时有失公平、目标管理责任制没有完全落实等等,挫伤员工工作积极性和影响企业效益的现象时有发生。

工作分析是人力资源管理的基石,但是需要一定的时间和资金投入,并且很难短时间见到效益。不少企业领导因为急功近利,希望人力资源管理工作直接上台阶,见到明显的效果,而忽视了直接成果不易显现的工作分析。而且从实践来看,工作分析也是人力资源管理中占用资源较多的一项工作,所以工作分析往往成为领导不愿意开展的工作。但是,工作分析的作用是巨大的,所以费时费力地开展这项工作是值得的,这正如建造大厦时需要花较长的时间和较多的资金去打基础一样。高层领导要运用战略的眼光,及时地提供相应的政策支持。

人力资源管理者也应该尽量争取高层领导的支持和理解。这是因为:

(1) 工作分析可能同时涉及组织结构和组织流程的分析和优化,需要听取他们的意见。

(2) 没有高层管理人员的理解和支持，工作分析不可能正常开展。工作分析不只是人力资源部的事情，要牵扯几乎所有的部门和岗位，对整个过程的组织和协调要求较高。由高层领导向整个组织安排开展这项工作，可以引起各个层面的人员对这项工作的重视，为顺利开展工作创造条件。

所以在开展工作分析之前，人力资源管理者应和公司的高层领导充分讨论，正确定位工作分析的意义和价值，并取得领导对工作分析的理解、支持和认同，确保工作分析能够顺利实施。

四、缺乏有效的沟通

在工作分析中，主要是通过员工面谈和问卷来获取相关信息，但员工在回答这些问题时常常不予合作，表现在：①有抵触情绪；②害怕说错会受到上级的责备；③不清楚这项工作能为他带来什么；④不知道什么该说什么不该说。员工在向访谈人员描述自己的工作内容和情况时，常常会故意夸大其岗位的复杂程度、技术难度以及工作量从而使工作分析人员获取的信息不客观、不准确、不全面。导致这一问题出现的原因主要是在工作分析的过程中缺乏有效的沟通，员工对工作分析的目的与作用不了解。

通过让员工正确认识工作分析的本质可以解决这一问题。在工作分析开始之前有必要向员工解释清楚几个方面的内容：实施工作分析的原因和目的，工作分析小组成员组成，工作分析会对员工产生何种影响等。企业或工作分析小组最好能向员工保证，企业不会根据工作分析的结果解雇员工或降低员的薪酬水平。只有解开员工心里的困惑，才有可能从员工那里获得更为可靠、全面的信息资料。

五、工作分析人员的素质有待提高

工作分析是一项专业性较强的工作，从业人员最好接受过相关的培训并有一定的实践经验。在工作分析中，表格的设计、访谈提纲编制，以及调查方法的使用、各种信息的归纳总结等都对工作人员的素质有很高的要求。然而，不少企业中的人力资源管理人员没受过专业的培训，工作分析的质量也有待提高，非人力资源管理人员的情况可能更糟糕。人员素质直接影响到了工作分析的质量。

解决这一问题最直接的方法是聘请专业咨询机构。但从长远看，培训相关人员，提高工作分析人员的专业素质才是根本。

六、缺少反馈调节，工作分析信息静态化

信息维护是信息的生命周期中重要的一环，只有及时更新维护才能保证信息是可用的、有效的。很多企业管理人员，甚至是不少人力资源管理人员，把工作分析看作是一项静态的工作，认为只要做过一次工作分析就足够了，没必要不断地改进。组织的经营活动不断变化，会直接或间接地引起组织分工协作体制的相应调整，由此，可能产生新的任务、部分原有职务的消逝，从而需要对工作分析进行重新调整，以适应变化。静态的工作分析不能为管理工作提供最新的第一手资料，会导致企业的岗位设置、人力资源规划、人员调配、薪酬体系设计、绩效考核等重要工作缺少足够的信息支持，决策的科学性不足。同时，不少人力资源管理人员没有看到在工作分析中的流向是双向互动式的，从而忽视了使用部门的反馈信息。

对这种问题的解决办法有：

（1）在投入实际使用前先对工作说明书进行试用。

工作说明书编写好后进行试用和调整，可以检查信息收集的准确性、正确性，以及设计方案的通用性。如果使用部门在试用过程中提出他们的建议，编写小组要好好分析产生差异的原因。如果是编写小组的问题，应该及时调整。如果是业务部门认识上的误区，应该耐心加以说明，使双方达成共识。

（2）保留调整的记录。

特别要强调的是，所有的修改必须填写修改分析单，明晰导致误差的原因和避免重复出现误差的方法，这样可以保证工作分析工作能够持续进步。

（3）定期评审工作说明书。

工作说明书要定期进行评审，看看是否符合实际的工作变化。如果实际工作已经改变，要及时进行调整。工作说明书应该多久评审一次，则应该由企业所处的环境以及企业的特点决定。

七、不重视工作分析过程中的管理控制

在工作分析过程中往往会出现工作分析小组成员或被分析的对象不稳定的情况。在工作分析进行过程中，工作分析小组成员或岗位对象发生变换，在离开或换人时工作交接不清楚，会导致工作分析工作必须从头开始。

这一问题解决的办法是：

1. 加强对工作分析工作小组的管理

我们在确定工作分析项目小组成员后，首先要对小组成员进行工作分配，明确

各自的分工、流程、时间表和阶段成果，并要求每个成员在工作中保留过程文档。同时坚持每天开早会，反馈前天的工作成效和当天的工作计划。工作小组的负责人负责汇总小组成员每天的工作文档，以应对中途发生人员调换情况，保证工作分析工作的有条不紊和信息来源的一致性。同时，每周工作小组最好有个项目交流会，以保持成员间的信息和经验的共享，并不断调整工作分析的方式与方法。

2. 争取各部门主管和员工的参与配合

员工的主动参与是工作分析能否成功的关键。在工作分析过程中，主体是各部门的主管以及员工，只有他们才最了解工作的实际情况。只有员工主动配合才能保证信息收集对象和被分析对象的稳定性。

小结

本章主要介绍了工作分析的流程，具体来说包括：工作分析前的准备、工作信息收集、工作信息分析、工作分析结果形成及工作分析的应用与反馈阶段五个阶段。

工作分析前的准备阶段。工作分析的目的就是工作分析所获得信息的用途；对于所有的工作分析计划方案，在计划实施前，应该把工作分析方案和计划向上级领导报告并争取他们的支持；当组织规模较大时，我们不可能分析全部职位的工作，因此要决定先分析对象，并确定与培训工作分析小组。

工作信息收集阶段主要是。信息收集是工作分析中的核心工作。信息包罗万象，范围广泛，不可能所有信息都是工作分析所需要的，所以在收集信息之前，一定要明确工作分析的信息收集对象。

工作信息分析阶段。对工作信息进行分析就是将利用各种信息收集方法所收集到的信息进行统计、分析、研究、归类的一个过程，是整个工作分析过程的核心部分。

工作分析结果形成阶段。在工作结果形成阶段，需要对收集到的信息进一步审查和确认，进而形成工作说明书。

工作分析的应用与反馈阶段。编写出工作说明书之后，并不是说工作分析的工作就结束了。具体来说，在工作分析结果的应用与反馈阶段包括两方面的工作：一是职务说明书的使用培训；二是使用职务说明书的反馈与调整。

工作分析中的常见问题表现为：目的不明确；缺乏战略眼光和系统思维；缺乏高层领导支持；缺乏有效的沟通；工作分析人员的素质有待提高；缺少反馈调节，工作分析信息静态化；不重视工作分析过程中的管理控制。

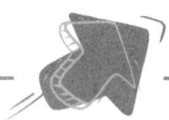

复习题

1. 工作分析小组的构成及其优缺点。
2. 工作分析信息的来源。
3. 工作信息收集的方法。
4. 工作信息分析的内容。
5. 工作信息分析应注意的问题。
6. 编写工作说明书应注意的问题。
7. 工作分析中的常见问题

参考文献

1. 萧鸣政：《工作分析的方法与技术》北京：中国人民大学出版社，2018
2. 潘泰萍：《工作分析：基本原理、方法与实践》上海：复旦大学出版社，2018
3. 付亚和：《工作分析》上海：复旦大学出版社，2019
4. 安鸿章：《工作岗位的分析技术与应用》天津：南开大学出版社，2005
5. 王小艳：《如何进行工作分析》北京：北京大学出版社，2004
6. 文征：《员工工作分析与薪酬设计》北京：企业管理出版社，2006
7. 陈彩琦，马欣川：《工作分析与评价》武汉：华中科技大学出版社，2017

第三章 工作分析方法

工作分析内容确定以后，就应当选择适当的分析方法和工具了。工作分析的方法主要是指工作信息收集的方法。工作分析的内容取决于工作分析的目的与用途，不同的组织所进行的工作分析的侧重点会有所不同。因此，需要在工作分析的内容确定之后选择适当的分析方法去收集与工作相关的所有信息。

一般来说，收集信息的基本方法包括资料分析法、现场观察法、面谈法、问卷调查法、关键事件法、功能性职务分析法等，每一种方法都有优缺点，因此要根据工作分析的目的与内容，本着经济的原则来选择一种或几种方法。

第一节 观察分析法

观察分析法又称现场观察法，是一种由有经验的人通过现场观察记录的方法，具体来说是指工作分析人员在工作现场运用感觉器官或其他工具，观察特定对象的实际工作动作和工作方式，并以文字或图表、图像等形式记录下来，以收集工作信息的方法。这是工作分析中最简单，也是最常用的一种方法。

通过现场观察，可以对人员的工作过程进行观察，记录工作行为各方面的特点；了解工作中所使用的工具设备；了解工作程序、工作环境和体力消耗等内容。

观察的形式分公开观察和隐蔽观察两种形式。为了提高观察分析的效率，所有重要的工作内容与形式都要记录下来，而且应选择不同的工作者在不同的时间内进行观察，这样可以相互平衡，有助于消除分析者对不同工作者行为方式上的偏见。因为面对同样的工作任务，不同的工作者会表现出不同的行为方式。对于同一工作者在不同时间与空间的观察分析，也有助于消除工作情景与时间上的偏差。同时，观察分析法也可以分为三类：直接观察法、阶段观察法、工作表演法。直接观察法是工作分析人员直接对员工工作全过程进行观察，如餐厅服务员的工作过程；阶段观察法则常用于一些周期性较长的工作，一般而言这种观察是以分段的形式进行的，如对于行政人员年底筹备年终总结工作经验的观察；工作表演法则是针对工作周期长、突发事件多的工作,是一种让员工进行该工作的表演,从中进行观察的方式。

观察法在从事动作研究的时候,虽常为工业工程师所运用,但在工作分析,如果仅运用此方法,所获得资料往往不足以供撰写职务说明或职务规范之用。

一般说来,观察分析法适用短期的外显行为特征的分析,适合于比较简单、不断重复、又容易观察的工作分析,而不适用于隐蔽的心理素质分析,不适合于没有时间规律与表现规律的工作。如不适合于各种户外工作,各种高、中级管理人员的工作,等等,因为这些工作的过程与结果都不是易被观察到的。

此外,应用观察法需要注意一个现象,即"霍桑效应"。这个理论阐述了这样一个道理:一旦观察对象得知他们正处于被观察地位的时候,他们的工作表现会比平常要好,也就是说当人们在感受到关注时会提高自身生产效率。

一般来说,在运用观察法时需要注意以下几个原则:

(1) 稳定原则:被观察者的工作应该相对稳定,即在一定的周期内,工作内容、程序、对工作人员的要求不会发生明显的变化。

(2) 信任原则:尽量获得被观察者的信任。

(3) 隐蔽原则:一般情况下观察者应尽可能不要引起被观察者的注意,有特定目的的情况除外。

(4) 详尽原则:根据预先确定的目的和欲观察的内容,详细地记录所有观察到的资料。

(5) 代表性原则:选择样本时注意样本的代表性

(6) 沟通原则:现场观察完毕之后同被观察者的直接主管沟通观察的结果。

观察分析法的操作往往分为两种方式,一种是工作分析人员可以在员工工作期间观察并记录员工的工作活动,然后和员工进行面谈,请员工进行补充,也可以一边观察员工的工作,一边和员工交谈;另一种是通过问卷调查获得基本信息,再通过访谈和直接观察来确认和补充已经了解的情况。

观察法工作分析的程序,观察分析法的基本程序主要包括五个操作阶段:

1. 确定观察目标

针对不同的目的,将会有不同的观察对象、观察视角和内容,因此必须首先明确观察的基本目标。一般来说观察的对象主要有个体、部门和组织三个层面。应根据目标职位的影响范围来确定观察的层面,若目标职位涉及整个组织的运行,则将其置于组织层面,以此类推。

2. 掌握现有信息

(1) 检查现有的文件资料,形成职位的总体概念,包括工作的目标、工作主要职责、工作流程、工作关系等。

(2) 选择一个管理人员或有经验的员工进行面谈，以便了解工作的整体情况。

(3) 准备一个初步的观察任务清单，作为观察的框架。

(4) 对现有资料和数据不清楚的项目作出重点的标注。

3. 观察计划的制订

由于所观察的工作应具有代表性，所以观察前应确定观察计划工作，计划工作中应含有观察对象、观察提纲、观察内容、观察时刻、观察位置等。

(1) 确定观察对象。

从目标职位任职者中选择合适的观察对象，一般选择3~5位典型的任职者作为观察对象，或者是选取工作表现和绩效典型的任职者作为观察对象。同时对于选定的对象，如果观察时不可避免地会被被观察者发现，那么进行相关培训将是十分必要的。通过培训，应向他们说明职位分析的目的、操作流程及最终的影响等，消除其戒备心理。

(2) 设计观察提纲。

明确观察的具体内容，开发便于记录、分析信息的结构化表格，记录的问题应结构简单，并反映工作有关内容，避免机械记录。

(3) 确定观察时间地点。

为了不影响组织日常运营，观察时间、地点应事先确定。观察的时间、地点应为该职位的典型、常规的工作时间、地点。在选择时间和地点时，应考虑观察法的经济性。同时在收集完整信息的前提下，尽量减少时间跨度和空间的转移。同时，观察的时间、地点尽可能全面、完整。对于周期性工作岗位，观察的时间最好覆盖某一典型的工作周期。

(4) 设备工具的确定。

在观察过程中，应采用一些辅助的手段帮助观察员进行记录，常用的设备包括录音机、摄像机等。但是大量设备的运用会给任职者造成工作压力，从而不知不觉中改变自己惯常的行为方式，造成信息误差。因此，各种记录设备应放置于较为隐蔽、任职者无法看到的位置。另外其他计时、度量的工具应根据实际观察的需要予以配备。

4. 观察实施

(1) 观察分析人员的选拔与培训。观察分析人员的选拔和培训是整个观察法操作过程中最重要的环节，培训质量的高低将直接影响职位分析的成败。一般来说，选拔的观察人员需要具备公正客观的态度、较强的语言和文字表达能力以及对行为理解把握的能力。对于某些特殊的工作，还需要有较强的体力等。对观察人员进行培训的主要目的是增强观察过程的可信度，使信息收集更加准确。因此，培训的内容应包括职位分析的目的和特点、研究设计的解释说明、观察法的操作办法及要点,以及如何较少或避免观察过程中的误差和错误。

(2) 观察过程。观察记录质量的好坏更是直接影响工作分析的结果,因此在观察记录的过程中,工作分析人员一定要严格遵守观察记录的流程要求,完成对目标职位每个环节的记录工作。观察过程中要注意以下事项。

①尽量不要影响员工的工作。这是最基本的原则。如果不能保证观察者的隐秘性,可以用适当的方式介绍给员工,使影响减到最小。

②工作分析人员应与工作者保持一定距离,应选择便于观察且不影响工作的位置。

③观察后的沟通是十分必要的,工作分析人员可以在工作间歇(如喝水、简短休息)时,与工作者就观察过程中的某些疑问进行探讨。

④与任职者建立良好的相互信任关系是观察工作能否顺利开展的基础。为了保证任职者积极主动地配合观察工作,工作分析人员应承诺尊重隐私权并保证信息的匿名性。

5. 数据的整理与分析

(1) 观察结束后应对收集的信息数据进行归类整理,检查最初的任务和问题清单,确保每一项均已被观察到和得到确认。

(2) 对于结构化的观察结果,进行编码,录入计算机,进行数据分析;对于非结构化调查,则应按照一定的逻辑顺序进行整理排列,形成一份描述性的报告。

(3) 进行信息的合并,把收集到的各种工作信息合并为一个综合的工作描述,可以加上个人意见。

(4) 把工作描述分发给工作承担者及其主管,并附上观察记录表(表3-1)。

(5) 根据观察记录表,进一步分析观察数据,补充遗漏、明确含糊的地方,形成完整的工作描述。

观察分析法的优点在于,工作分析人员能够全面和深入的了解工作要求,作为一种客观的工作分析方法,观察分析法更适用于那些主要用体力活动来完成的工作。而观察分析法的缺点也较为明显,即对有些员工而言难以接受,他们觉得自己受到监视或威胁,从而从心里对工作分析人员产生反感,同时也可能造成操作动作变形;不能得到有关任职者资格要求的信息;不适用于脑力劳动成分较高的工作,以及处理紧急情况的间歇性工作,如经理和救助站的工作等。

表3-1 观察记录表

被观察者姓名:	日期:
观察者姓名:	观察时间:
工作类型:	工作部门:

续表3-1

观察内容：
何时开始正式工作？
上午工作多长时间？
上午休息_____次，第一次休息时间从_____到_____。第二次休息时间从_____到_____。
上午完成_____件产品。　　　　　　　平均多少时间完成一件产品？
和同事交谈_____次。
室内温度？
什么时候开始午休？
出了多少次品？
搬了多少原料？

第二节　访谈分析法

对于许多工作，分析者不可能实际去做观察（如飞行员的工作），或者不可能去现场观察，或难以观察到（如建筑师的工作）。在这种情况下，就必须访问工作者，了解他们的工作内容，了解为什么这样做和怎样做，由此来获得工作分析的资料。

一、访谈分析法的内涵

访谈分析法也称为面谈分析法，就是通过分析人员与任职人员面对面的谈话来收集工作信息的方法，可以采用个别访谈的形式，也可以采用集体访谈的形式。

访谈法是工作分析中经常要用到的一种方法。从理论上来讲，任职者最清楚自己的本职工作，通过面对面地交换信息，除了了解有关工作的一般信息外，分析人员还可以比较详细的了解有关任职者的工作态度、工作动机等深层次的反映生理特征的内容，以运用到具体的管理实践中去。

访谈根据不同的维度可以分为不同的类型。根据访谈所涉及的人数可以分为个别访谈和集体访谈；根据访谈的内容是否标准化可以分为结构式访谈或非结构式访谈以及半结构访谈；从访谈的沟通方式可以分为直接访谈和间接访谈；按访谈的正式的程度可以分为正式访谈与非正式访谈；按访谈的次数可以分为一次性访谈与多次访谈。就结构化访谈和非结构化访谈而言，通过结构化访谈能够收集全面的信息，但不利于任职者进行发散性思维；通过非结构化访谈可以根据实际情况灵活地收集工作信息，但信息缺乏完备性，在实践中往往会将两者结合起来使用。

访谈法的优点在于对生理特征的分析非常有效，可以相对容易的直接从员工那里获得较为详细的信息、可以与任职者进行双向交流，对任职者的了解较为深入。访谈法还可以发现新的、未预料到的重要工作信息。

访谈法的最主要问题是员工在回答问题时有可能会扭曲信息，这可能是被访谈者在无意中造成的，也可能是因为被访谈者主观臆断的结果，有意制造歪曲的信息，这需要在面谈实践中避免这个问题。其次，访谈法耗时较多，成本较高。最后，访谈法对分析人员的要求较高，需要有一定经验和能力的人才能胜任，分析人员素质的高低将对面谈结果产生重大影响。

访谈的主要内容涉及工作设置目的、工作内容、工作性质与范围以及任职者所负的责任等方面。了解组织为什么要设置这样一项工作，根据什么来确立对这一工作的报酬；了解该职位对组织目标的贡献程度有多大；了解工作性质与范围，及该工作在组织中的地位；了解工作所需的技术知识、管理知识、人际知识、需要解决的问题以及任职者的自主权等内容，这些都是访谈的核心。

在访谈进行之前，需要确定访谈对象，访谈对象应该是熟悉该职位工作的人员。在实现操作中，可以查阅与整理有关工作职责的现有资料，在大致了解职位情况的基础上，访问这些职位的任职者，一起讨论工作的特点和要求。同时，也可以访问有关的管理者和从事相应培训工作的人员。

由于访谈涉及的问题较多，为了避免遗漏，保证质量，最好事先拟定一份详细的访谈问题或访谈提纲，这样便于记录、归纳与比较。

二、访谈分析中问题设计

访谈分析法对资料的收集或多或少依赖于调查问题的设计。因此，设计问题便成为一个工作分析者必须具备的一项技能。下面是有些关于问题设计的建议：

（1）你得保持设计问题的热情，直到你认为问题已经足够为止。
（2）根据有关的资料和先前的经验检测所设计的问题。
（3）只选择那些与所调查资料直接相关的问题。
（4）把问题按一定的逻辑顺序排列，把那些容易的但又必要的问题放前面。
（5）修改不清楚及容易使被访问者有偏向的问题。

三、访谈的技巧

在进行访谈实践中,请注意以下一些基本技巧。

(1) 事先清晰地说明访谈的目标和方法。即在访谈前,分析者应该对访谈什么、为什么要访谈和怎样访谈有一个很明晰的计划。

(2) 在访谈前,确认访谈的问题会不会让回答者感到难堪、威胁或不舒服?

(3) 控制访谈,使访谈指向一定的目标。下面是一些使访谈定向的准则:

①帮助回答者根据问题的逻辑顺序去思考和交谈;

②给回答者足够的时间回答问题;

③提供阶段性总结,这样有利于保持谈话的主题。

(4) 控制个人举止、行为等其他会影响结果的因素。下面是与此有关的一些准则:

①用清楚易懂的语言进行访谈;

②不要与回答者发生争辩;

③在所讨论的问题上不要显示出任何偏好;

④在整个访谈过程中要有礼貌和谦恭。

(5) 记下意外的重要信息,尤其是正式访谈计划中没有想到的或新的信息。

除了上述技巧外,访谈中常用的技巧还有 SOLAR 模型,即:

S——从日常话题(social)开始,让被访谈者能够轻松起来。例如,讨论天气、社会新闻等,借以消除被访谈者的戒备心理。

O——解释访谈、讨论的目标(objective)。例如,告诉被访谈者为什么会参加访谈、访谈的内容有哪些,避免员工产生心理恐惧。

L——仔细倾听(listen)。访谈过程中要充分引导被访谈者的谈话兴趣,访谈者以倾听和记录为主。

A——建议(advise)或询问(ask)。为了获得更多的了解,访谈中可以使用建议、询问等方式提出更多问题,以便更深入地了解关键内容。

R——记录(record)。确认并详细记录被访谈者回答或讨论的内容,并保证记录是客观的、真实的。

四、通用的工作分析访谈提纲

(一) 关于岗位目标

(1) 此岗位的工作目标是什么?

(2) 此岗位最终要取得什么结果?

(3) 从公司角度看,这个岗位具有什么意义和作用?

(二) 岗位地位

(1) 公司上级对此岗位作用的评价如何?

(2) 此岗位直接为哪个部门或个人效力?

(3) 哪些岗位与此岗位同属一个部门?

(4) 此岗位一年所需的各种经费(比如:经营预算、销售额、用于员工本身的开销)是多少?

(三) 内外关系

(1) 你依据怎样的原则、规章制度、先例和人事制度办事?

(2) 此岗位的行为或决策受哪个部门或岗位的控制?

(3) 在公司内,此岗位与哪些部门或岗位有最频繁的工作联系?有哪些联系?

(4) 你是否需要经常会见上司商讨或者汇报工作?

(5) 通常,你需要与上司讨论什么问题?

(6) 你有下属吗?若有,哪些职位由你管辖?有多少?有多少人?分别是谁?

(7) 在公司外,此岗位与哪些部门或个人有最频繁的工作联系?有哪些联系?

(8) 此岗位需要出差吗?频率如何?经常去哪里出差?为什么出差?

(四) 工作中的问题

(1) 你认为此工作对你最大的挑战是什么?

(2) 你对此工作最满意和最不满意的地方分别是什么?

(3) 此工作需要解决的关键问题是什么?

(4) 你面临的问题是否各不相同?不同之处表现在哪些方面?

(5) 处理问题时有无指导或先例可参照?有哪些处理依据?

(6) 你在工作中遇到的问题,在多大程度上是可预测的?

(7) 你对哪些问题有自主权?

(8) 哪些问题你需要提交上级处理?

(9) 你是否经常请求上司的帮助,或者上司是否经常检查或指导你的工作?

(10) 你的上司如何指导你的工作?

(11) 你是否有机会采取新方法解决问题?

(五) 工作成果

(1) 你的工作中能够取得什么成果?其中最重要的成果是什么?

(2) 通常可以用什么标准衡量你的工作成果？
(3) 上司对工作任务的完成情况是否起决定性作用？

（六）岗位要求

(1) 此岗位要求任职者具备哪些专业技术？请按重要程度列出，并举出工作中的实例来说明。

(2) 通过脱产培训还是在职培训来掌握这个岗位所需的专业技术？

(3) 此岗位要求任职者具备哪些知识？请按重要程度列出，并举出工作中的实例来说明。

(4) 此岗位要求任职者具备哪些能力？请按重要程度列出，并举出工作中的实例来说明。

(5) 此岗位对任职者的职业道德要求是什么？

五、访谈法的原则

（一）访谈者在提问时态度应真诚、自然、尊重

访谈法是建立在与人交谈的基础上的一种科学研究方法。人与人的交流是建立在真诚、相互的尊重与情感的自然流露的基础上的，因此我们在对被访者进行访谈时应当坦诚、真挚，对被访者表示足够的尊重，使访谈者与被访者之间建立起良好的相互信任和友好的关系，使整个访谈在愉快、轻松和友好的气氛中进行，只有这样才能使被访者在访谈过程中感觉舒适和安全，对所提问题畅所欲言。

（二）访谈者应采用与被访者能接受的表达方式进行提问

我们在对被访者进行访谈时常常运用一些访谈者自己的习惯性语言，而忽视了被访者是否习惯或能接受。一些研究者常常将一些比较书面的、多在科学研究中出现的语言放置在问题中，使被访者不能正确或者根本不能理解访问者所提的问题。若被访者连问题都听不懂，又如何使访谈进行下去呢？因此，访谈者在进行访谈的过程当中应当选择被访者熟悉的语言方式，一方面使双方更易于沟通，同时也能使被访者感觉亲切、放松，有利于访谈的顺利进行。

（三）访谈者在提问时应循序渐进

每一个访谈都要从一个话头慢慢延展开来，而不能急于迅速地进入主题。访谈者应当先选择一些较为轻松的话题开始访谈，然后先提一些比较浅显、简单的问

题，再循序渐进，逐渐围绕访谈的主题，进行深入的访谈，这样才不会使被访谈者感觉突兀、没有进入状态，使整个访谈过程自然流畅、顺理成章。

(四) 访谈者的提问方式应当中立

访谈者在编制问题前，由于其研究的目的，也许会对被访者的回答存在某些预期，因此会导致有的访谈者在提问时，使所提问题带有某些态度倾向，使被访者受到被访者的态度倾向的影响。使研究结果的可靠性、客观性受到影响。

(五) 访谈者在提问时应围绕事先编制好的访谈大纲

访谈者在访谈的过程中，应当根据事先编制好的访谈大纲展开访谈，遇到未预期到的情况也应当围绕访谈大纲的基础进行适当的调整，以保证研究过程、结果的客观。

第三节 问卷调查分析法

问卷调查分析法是指组织相关人员以书面形式回答有关职位问题，以获取工作信息的调查方法。通常问卷的内容是由工作分析人员编制的一些问题或陈述，这些问题和陈述涉及实际的行为和心理素质，要求被调查者对这些行为和心理素质在实际工作中的重要性和频次（经常性）按给定的方法作答。

从内容上划分，设计调查问卷可以从职位和人员两个角度考虑，其中职位定向问卷比较强调工作本身的内容、条件和产出；人员定向问卷则集中于了解工作人员的工作行为和任职资格等方面的内容。

从形式上划分，调查问卷的设计有开放式（表3-2）和封闭式两种，封闭式问卷也称结构性问卷。在开放式问卷中，任职者可以自由回答所提的问题，比如，"请简要叙述你的主要工作任务"。而在结构性的问卷中，任职者要从所列答案中选择其中最合适的答案，结构化问卷具有较高的信度和效度，能够实现职位之间的相互比较。在工作分析的实践中，最好根据不同的调查目的，设计出界于这两种极端情形之间的问卷，既有结构性问题也有开放性问题。一般来说，如果工作分析的目的是用于薪酬设计，则可考虑多设计些结构化程度高的问题，便于定量评分。

在进行工作分析调查问卷设计时（表3-3），应注意如下问题：第一，明确要搜集哪些信息，将这些信息设计成问题或项目；第二，每个问题的目的要明确，语言应简洁易懂，必要时可附加说明；第三，问卷的问题应根据工作分析的目的加以调整。

工作分析问卷法的流程通常分为五步，即问卷设计、问卷测试、选择样本、问卷发放与回收、问卷分析与运用，问卷法的这五步各有其应注意的要点：在问卷设计上，应包含职位基本信息、职位目的、工作职责、绩效标准、工作特性、任职要求、职位晋升通道等，通过全面的基础信息为后续的问卷分析提供内容；问卷测试也是必不可少的一步，能够在正式发布问卷前对测试中的问题及时进行修订和完善；样本的选择往往受到主体数量影响，针对某一职位进行分析时，若目标职位任职人数较少（1至3人），则可将全体任职者作为研究对象，而若任职人数较多时，选取3至5人为宜；问卷的发放与回收中，要注意确保问卷的信度，保证信息的准确性与真实性；在问卷的分析和运用中，要注意信息的辨别，剔除掉无效问卷，提炼准确信息，编制好工作说明书。

在进行问卷分析法的过程中，需要确保问卷设计的合理性，防止提诱导式问题，同时也要对被调查者进行事前培训与调查，避免因被调查者误解带来的信息误差，对于调查过程也要严密控制、及时沟通与反馈，并且为了确保调查过程的真实性与合规性，最后要由被调查者的上级对信息进行签字确认。

问卷调查法的优点在于可以面面俱到，在短时间内收集尽可能多地工作信息；比较规范化、数量化，适合于用计算机对结果进行统计分析；可以收集到准确规范、含义清晰地工作信息；成本低，工作人员比较容易接受，可以随时安排调查。

问卷调查法的不足之处在于问题事先已经设定，调查难以深入；设计质量难以保证，工作信息的采集受问卷设计水平的影响较大；对任职人员的知识水平要求较高；不能面对面地交流信息，从而了解不到被调查对象的态度和动机等较深层次的信息；不易唤起被调查对象的兴趣；除非问卷很长，否则就不能获得足够的详细信息。

表3-2 某公司开放式工作分析调查问卷

工作部门		职务名称	
职责内容： 概述： 所任工作：			
工作项目	处理方式及程序	所占每日工作时数	
职责程度：			

续表3－2

工作复杂性：			
所受监督：			
所循规章：			
对工作结果的负责程度：			
所需创造力与资格：			
与人接触：			
所予监督：			
		填表人	（签名盖章）
以上所填均属正确			
所属部门 上一级主管	（签名盖章）	所属部门 直接主管	（签名盖章）

表3－3 工作分析调查问卷

一、基本资料			
职位名称	（所在岗位名称）	所在部门	
职位定员 及人员来源	（目前从事承担类似岗位职责的定员数和人员的来源，如正式员工、返聘、借调或聘任等）		
直接上级	（岗位名称）	从事本岗位 工作时间	
直接下级	请将目前直接下级岗位名称、各岗位当前人数、人员来源（正式员工、返聘、借调或聘任等）——列举：		
职位填写日期	年　　月　　日	填写人姓名	
二、工作描述			
本岗位工作目标：			

续表3-3

主要目标： 1) 2) 3)		其他目标： 1) 2) 3)	
工作任务：请认真、详尽地一一对应描述您所从事的工作、占年度工作时间的百分比和相应的发生频次：		占年度工作时间的百分比（%，约数）	发生频次（年、季、月，每日发生为日常）
（一）主要工作任务（即任务中属较为重要的职责） 1) 2) 3) 4)			
（二）日常工作任务（即每日工作中都需从事的工作） 1) 2) 3) 4)			
（三）临时工作任务（即领导交办的或公司组织大型活动时所涉及的工作） 1) 2) 3)			
权限：决策权、建议权、监控权、裁决权、决定权、人事权、审批权、审定权、监督检查权、使用权、制止权和处罚权、命令整改权、盘查权、指挥权、督办权、监督实施权、督促权、索取权、提名权等			
目前拥有权限：请描述目前在完成本岗位职责时，您所拥有的权力	权限一：		
	权限二：		
	权限三：		
	权限四：		
	权限五：		
	权限六：		
所缺权限：请描述为更好地完成本岗位职责，目前尚缺所哪些权力？	权限一：		
	权限二：		
	权限三：		
	权限四：		
	权限五：		
工作协作关系：请详细地描述您在工作中需要接触到哪些岗位、哪些部门，哪些外部单位？			

续表3-3

内部协调关系	部门内岗位协调关系：（请一一列举所联系岗位名称） 部门间较为密切的协调关系：（请一一列举所联系部门名称） 其他相关部门：（请一一列举所联系部门名称）			
外部协调关系	经常性的协调关系：（请一一列举所联系外部单位、部门名称） 临时性的协调关系：（请一一列举所联系外部单位、部门名称）			
三、任职资格				
教育水平	您认为基本胜任本岗位所需的最低学历应该是什么？（请在以下认可的项目上画勾） 初中　高中　中专　大专　本科　硕士　博士　博士后　其他（　　　　）			
专业	您认为可基本胜任本岗位的学历专业有哪些？（请一一列举）			
经验	您认为一位刚刚开始走向工作岗位的毕业生，基本胜任该岗位工作需要多长的时间？ （请在认可的项目上画勾） 3月以下　3-6月　6月-1年　1-2年　2-3年　3-5年　5年以上　其他（　　　　） 您认为一位已有工作经历的人员，若能基本承担本岗位工作职责，需具备哪些方面的工作经验，约多少年？			
	工作经历要求		最低时间要求（年、月）	
培训	您认为较好的完成岗位工作应该接受哪些培训课程？（培训课程包括从业人员应有的心理准备、公司简介、主要制度规章办法说明、本公司工作精神及观念介绍、岗位实习、必备的知识和技能、质量管理、市场营销、货款回收、债权及票据有关法律知识、信用调查实物、商业知识、人事考核管理、薪酬制度、事物处理流程及改善、人际关系培训、有关政府政策演变、公司产品介绍等等）			
	培训科目	培训内容	培训方式（包括新员工职前培训、在职培训、脱产或半脱产培训）	最低培训时间

续表3-3

知识	为完成岗位的工作要求，您认为应该具备基本层面的知识涉及哪些？对应的水平？（通晓、熟悉、具备、了解……）
熟练程度	1. 您认为对于初次承担该岗位工作的人员，多长时间才能较熟练地开展工作？（请在认可的项目上画勾） 3月以下　3-6月　6月-1年　1-2年　2-3年　3-5年　5年以上　其他（　　） 2. 您认为对于有类似岗位工作经验的人员，尚需多长时间才能较熟练地开展该岗位工作？（请在认可的项目上画勾） 3月以下　3-6月　6月-1年　1-2年　2-3年　3-5年　5年以上　其他（　　）
技能技巧	为更好地完成岗位职责，您认为需具备的技能应该有哪些？如办公软件、英语应用水平、管理办法的掌握（看板管理、滚动计划等）、网络知识、软件编辑能力、写作水平等
四、其他	
使用工具/设备	1. 请列举您目前岗位工作中用到的主要办公设备和用品：如计算机、电话、传真机、打印机、Internet/Intranet网络、交通及通信设备、计算器、档案柜等
	2. 请列举您目前岗位工作中需用到，但至今尚未配备的办公设备和用品：
工作环境	1. 请描述您目前开展工作的环境，如独立办公室/一般工作环境/敞开办公等
	2. 请描述您认为可较为有效开展工作所需的环境：
工作时间特征	1. 请您在以下各类问题中填写您目前岗位工作时间的特征： 1) 每日午休时间为（　　）小时，（　　％）情况下可以保证 2) 每周平均加班时间为（　　）小时 3) 实际上下班时间是否随业务情况经常变化？（请在以下认可的项目上画勾） 　总是（　　），有时是（　　），偶然是（　　），否（　　） 4) 每周外出时间占正常工作时间的（　　％） 5) 外地出差时间每月平均（　　）次，每次平均（　　）天 6) 本地出差时间平均每周（　　）次，每次平均（　　）小时 7) 其他需要补充说明的问题：＿＿＿＿＿＿＿＿＿＿＿＿＿＿＿＿

续表3－3

所需记录文档	请简明地列举您目前岗位工作中作为档案留存的文件名称：（包括通知、简报、信函、汇报文件或报告、总结、公司文件、研究报告、合同或法律文本、经营票据或其他等） 1） 2） 3） 4） 5）	所需传送的部门、岗位： 1） 2） 3） 4） 5）
考核指标： 1. 对于您目前承担的岗位职责，您认为公司应该考核哪些指标项，基准是什么？		
考核角度： 1） 2） 3） 4） 5）		对应的考核基准： 1） 2） 3） 4） 5）
您认为公司以及您所从事的工作中存有哪些不合理的地方，应该如何改善？		
不合理处： 1） 2） 3） 4） 5） 6）		对应的改进建议： 1） 2） 3） 4） 5） 6）

第四节　关键事件法

关键事件法由 J. C. Flannagan 在 1954 年发展起来的，其主要原则是认定员工与职务有关的行为，并选择其中最重要、最关键的部分来评定其结果。具体来说，关键事件法是要求调查人员、本岗位员工或本岗位有关的员工将劳动过程中的"关键事件"详细加以记录，在大量收集信息之后，对岗位的特征和要求进行分析研究的方法，是一种直接观察人的行为并收集相关数据的测评方法，其目的是通过该技术提高实际工作的有效性。所谓关键事件是指在劳动过程中，给岗位工作任务造成显著影响（如成功与失败、盈利与亏损等）的事件，在一定时间内，通常以半年或一年作为期限，对于积累的事件进行分析和评价，负责人与员工就相关事件进行面谈并讨论，进而对员工绩效进行评价。虽然关键事件法的应用不多，但它仍然是一种重要的工作分析方法，与其他工作分析方法相比，关键事件法能够更有效地提供工作的正向积极示范，因此会更为频繁地应用于具有培训需求的评估中。

关键事件法的操作步骤主要包括获取关键事件与分析关键事件两步，对于关键事件的获取与记录应包括：

（1）导致该事件发生的背景、原因；

（2）职工有效的或多余的行为；

（3）关键行为的后果；

（4）职工控制上述后果的能力。

将上述各项详细记录以后，可以对这些数据资料作出分类，并归纳总结出该岗位的主要特征和具体要求。同时，针对关键事件的记录可以采取关键事件讨论会议或非工作会议形式，群策群力，通过讨论的方式将关键事件真实地记录下来，为下一步关键事件的分析提供素材。

而关键事件的分析步骤是后续关键事件应用的前提，要对关键事件的长短进行把关，范例长短的恰当能够方便阅读者进行二次学习；除长短外，关键事件还应考虑到阅读者的认同感，进行技术语言、职业行话的保留。

采用关键事件法时，应注意：①调查的期限不宜过短；②关键事件的数量应足够说明问题，事件数目不能太少；③正反两方面的事件都要兼顾，不得偏颇；④在关键事件范例编写前就要通过专家咨询法、任务绩效相似性分类法等方法确定维度，规避维度混乱问题的发生。

关键事件法基本程序主要采用 STAR 法，即情境（SITUATION）：描述事情发生时的情境是怎么样的；目标（TARGET）：为什么要做这件事；行动（ACTION）：当时采取什么行动；结果（RESULT）：采取这个行动获得了什么结果。在职务分析信息的收集过程中，有时并不十分清楚评价对象的职责、所需能力等。这时就可以通过关键事件法向评价对象询问一些问题，比如：

（1）过去的一年中，在工作中所遇到比较重要的事件。

（2）解决这些事件的最为正确的行为和最不恰当的行为各有哪些。

（3）要解决这些事件应具备什么样的能力和素质，并可以对这些能力和素质进行重要性的评定。

我们在这里举出一正一反两个关键事件例子，让大家能够有比较直观的认识：

（1）编写得较差的关键事件。

工人迅速对生产线上出故障的设备，进行断电操作。虽然，随后的停产给企业带来了一定的损失，但是工人的反应避免了更为严重的破坏。

设计师被指导完成两节培训，但是他缺乏天赋，浪费了两个星期的培训时间。

（2）编写得较好的关键事件。

生产线上的一台设备突然出了故障，正在巡查的工人发现了故障，然后迅速跑到控制室切断了生产线的电源。其快速的动作避免了更大的损失。

设计师在为期两周的培训中学习了两节培训课程。在培训结束时，他不能完成课程要求的任务，也不能回答有关课程内容的简单问题。因为没有掌握这些技能，所以只能在有设计项目时成为其他设计师的辅助人员。

关键事件法的优点：关键事件法被广泛用于人力资源管理的许多方面，例如甄选标准与培训需求的确定，尤其应用于绩效评估的行为锚定与行为观察中；由于对行为进行观察和测量，故而描述工作行为、建立行为标准更加准确，能更好地确定每一行为的作用。

但这个方法也有两个主要的缺点：一是费时，需要花大量的时间去搜集那些关键事件，并加以概括和分类；二是关键事件的定义是显著地对工作绩效有效或无效的事件，但是，这就遗漏了平均绩效水平。而对工作来说，最重要的一点就是要描述"平均"的职务绩效。利用关键事件法，对中等绩效的员工就难以涉及，因而全面的职务分析工作就不能完成。

第五节　其他工作分析方法

一、资料分析法

资料分析法主要是为了降低工作分析的成本，应当尽量利用现有的各类资料，以便对每个工作的任务、责任、权利、工作负荷、任职资格等有一个大致的了解，为进一步调查奠定基础。资料分析法分析成本低，工作效率较高，不失为一种经济有效的工作分析方法，但这种方法一般不能单独使用，最好与其他方法一起使用。

二、工作日志法

这种方法就是要求从事工作的员工每天记工作日记或日志，即让工作者每天按时间顺序记录下自己所进行的工作任务、工作程序、工作方法、工作职责、工作权限以及各项工作所花费的时间等，一般要记录10天以上。它可以向工作分析者提供一个非常完整的工作图景，在以连续同员工及其主管进行面谈为辅助手段的情况下，这种工作信息搜集方法的效果会更好。它使用于管理或其他随意性大、内容复杂的岗位工作分析。现场工作日记法也称为工作日志法，此方法所获得的信息可靠性很高，有利于管理人员了解员工实际工作的内容、责任、权利、人际关系及工作负荷。现场工作日记记录的内容不但对职位分析有用，而且也是自我诊断的工具。它要求员工在每天的工作过程（时间允许的情况下）中记下工作的各种细节，由此来了解员工实际工作的内容、责任、权利、人际关系及工作负荷。

这种方法的基本依据是，从事某一工作的人对这一工作的情况和要求最清楚，因此，由工作者本人记录最为经济与方便。但是这种方法有可能存在一定的记录误差，记录者或多或少回带有自己的主观色彩，因此要求事后对记录分析结果进行必要的检查矫正，可以由工作者的直接上级来实施。

现场工作日志填写要求与要点：

（1）工作日志的记录必须是在确定岗位分析目标前就已完成的，这样才能尽可能避免选择性信息的出现，保证其客观性。

（2）工作日志必须是有关岗位工作的一切信息，包括有利和不利的信息；要严格按照表格要求进行填写，不要遗漏那些细小的工作活动，以保证信息的完整性，同时也要详略得当，避免无意义记录、记录有意义的事情，重点记录重要事件。

（3）为保证所取信息的可信度，要求工作日志的记录必须持续一段时间，以保证所取信息的完整与客观。

（4）工作日志表的填写应每日一份，以免雷同；同时，应根据各岗位的实际情况规定填写的时间段，如规定十分钟填写一次或二十分钟填写一次。这样可以保证填写内容的真实性和有效性。但是由于工作性质和工作内容的不同，填写现场工作日记的时间也不可一概而论，要根据具体工作内容来定。

（5）应在每天工作开始前将工作日志放在手边，每天按时间顺序记录自己所进行的工作任务、工作程序、工作方法、工作职责、工作权限以及各项工作所花费的时间等。

（6）注意工作日志的保留与备份，做好保管工作，防止遗失。

（7）为了避免损害自己的利益，务必提供真实的信息。

（8）以真诚的态度与管理人员合作。

工作日志法的优点是：信息可靠性强，适用确定有关工作责任、工作内容、工作关系、劳动强度等方面的信息；采取逐日或在工作活动后记录，可避免遗漏；所需费用较少；可以收集到最详尽的数据。

这种方法的缺点是：将注意力集中于活动过程，而不是结果；适用此方法必须做到，任职者对此项工作的情况和要求最清楚；整理信息的工作量大，归纳工作烦琐；填写者因不认真可能会漏填某些内容，从而影响分析后果；填写日志会影响正常工作；若由第三者填写，人力投入量会很大，不适于处理大量的业务；存在误差，需要对记录分析结果进行必要的检查。

三、工作参与法

这种方法是由工作人员亲自参加工作活动，体验工作的整个过程，从中获得工作分析的资料。要想对某一工作有一个深刻的了解，最好的方法就是亲自去实践。通过实地考察，可以细致、深入地体验、了解和分析某种工作人员的心理因素以及工作所需的各种心理品质和行为模型。所以，从获得工作分析资料的质量方面而言，这种方法比前几种方法效果好。但由于它要求工作分析人员具备从事某项工作的技能和知识，因而有一定的局限性。现代社会和生产中的工作职务日益专门化，即使有些工作分析人员能够参与一部分工作，也很难像熟练员工那样完成工作职责。因此，参与法只适用于比较简单的工作职务分析。

四、功能性职务分析法

功能性职务分析法英文为 Functional Job Analysis，简称 FJA。该方法由美国培训与就业服务机构开发，是以员工所需发挥的功能与应尽的职责为核心，列出需要收集和分析的工作信息类别，以进行职务分析。该方法的基础是 DPT 理论。D 即 Data，指资料方面的数据；P 即 People，指"人"方面的信息；T 即 Thing，指事物方面的信息。

功能性职务分析理论认为，所有的职业岗位都可以从 3 个功能维度进行分析（表 3-4）：数据操作功能、人际操作功能和事务操作功能。每个维度下有不同的行为描述，如数据操作功能下有综合、协调、分析、编辑、计算等行为描述；人际操作功能下有指挥、谈判、监督、劝导、服务等行为描述；事务操作功能下有创建、精密作业、操作控制等行为描述。通过专家评判，为每一个行为描述赋值，分数越低，说明行为的复杂性越高，如在综合、协调、分析、编辑、计算的序列中，综合功能的赋值最高，计算功能的赋值最低。然后将某工作岗位 3 个功能维度的行为描述赋值相加，其总和就是这一职业岗位的等级，如一名精神分析助理师，在 3 个功能维度的行为描述分别为协调、服务、照管，其赋值得分分别为 2、5、4，总分 11 即为这个岗位的等级。这一分析方法从职能等级、职业领域、功能分析、人事指导和人员特性 5 个方面对职务进行了系统分析，有助于了解一个职业岗位的职能层级、人员特点、工作内容和工作价值。这一分析方法在解决军事职业岗位分析和退伍军人再就业问题上发挥了重要作用，但由于实施耗时、缺乏对工作背景的记录、缺少对员工必备条件的描述，也受到了一些批评。

表 3-4 功能性职务分析表

数据	人	事
综合	指挥	创建
协调	谈判	精密作业
分析	指导	操作控制
编辑	监督	开动、操作
计算	牵制	熟练操作
复制	劝导	照管、供应
比较	交流—示意	进料及取货
无重要关系	服务	处理
	接受指导	无重要关系

1. FJA 法的基本假设

（1）应明确区分"完成什么工作"与"员工应如何完成工作"；

（2）每个工作均在一定程度上与人、事、信息相关；

（3）对事件要用体能完成，对信息要用思考处理，对人要用人际关系的方法；

（4）尽管执行任务的方法有很多，但要完成的职能是有限的；

（5）每一种职能依赖于员工的特性与资格来达到预期的绩效；

（6）与人、事、信息相关的功能中，复杂的功能包含了简单的功能。

2. FJA 法的四个部分

第一，任务描述（完成什么工作）。

第二，工作特点分析——工作者的功能量表（员工应如何完成工作）。

第三，员工特点分析（正确完成工作所必备的条件）。

培训：常规教育和职业培训。

能力：智力、动作协调性、手的灵活性。

个性：适应性、果断性、压力承受能力。

身体状况：视力、身高、体重、握力、血压。

第四，FJA 法还考虑以下四个因素。

（1）在执行工作时需要得到多大程度的指导；

（2）执行工作时需要运用的推理和判断能力应达到什么程度；

（3）完成工作所要求具备的数学能力有多高；

（4）执行工作时所要求的口头及评议表达能力如何。

最后，功能性职务分析依据共同的人与工作关系理论，这一理论认为所有工作都涉及职务承担者与数据、人、事三者的关系。通过职务承担者与数据、人、事发

生关系时的工作行为，可以反映工作的特征、工作的目的和人员的职能。它作为一种以工作为中心的职务分析方法，从职能等级、职业域、句法分析技术、人员指导尺度和人员特性五个方面对职务进行了系统的分析和描述。通过这五个方面定量和定性的说明，可以了解一项工作的职能层次、任职人员的特点、工作任务的内容和工作价值。这种FJA依据共同的人与工作关系理论。简而言之，这一理论认为所有工作都涉及工作执行者与数据、人、事三者的关系。通过工作执行者与数据、人、事发生关系时的工作行为，可以反映工作的特征、工作的任务和人员的职能。数据、人、事三个关键性要素，是这样定义的：

（1）数据，即与人、事相关的信息、知识、概念，可以通过观察、调查、想象、思考分析获得。具体包括数字、符号、思想、概念、口语等。

（2）人，指人或者有独立意义的动作，这些动作在工作中的作用相当于人。

（3）事，指人控制无生命物质的活动特征，这些活动的性质可以以物本身的特征反映出来。

功能性工作分析法不仅依据数据、人、物三个方面来对工作进行分类，而且还考虑以下四个因素：在执行工作时需要得到多大程度的指导；执行工作时需要运用的推理和判断能力应达到什么程度；完成工作所要求具备的数学能力程度；执行工作时所要求的口头及语言表达能力如何。FJA法的优点在于对工作内容提供一种非常彻底的描述，对培训的绩效评估极其有用；其缺点是要对每项任务都要求做某种详细分析，因而撰写起来相当费力气和时间。FJA并不记录有关工作背景的信息，4项能力量表并不代表所有可能的工人必备的条件。

第六节　工作分析方法的选择

一、工作分析方法选择的影响因素

在选择工作分析方法时，需要考虑方法和目的的匹配性、成本可行性以及该方法所研究情况的适用性，主要从组织环境、所分析的工作以及工作分析方法角度进行考虑选择。

1. 组织环境

首先，组织结构与复杂程度在一定程度上会影响工作分析方法的选择。组织结构复杂的企业，应采用一个综合多种方法的体系，因为用简单的方法对分散在许多部门之中的可比岗位进行分析将难以切合实际，此外还需系统地采用定义更加清楚的要素。而对一个只有单个车间的小企业而言,采用一种分析方法或许就够了。如果企业中体力和非体力工作之间界线分明,需要同时选用不同的方法,一个用来分析体力工作,另一个用来分析非体力工作。

其次,技术因素也不容忽视,例如设备和产品本身的技术要求对岗位内容的决定程度,或者岗位操作者决定岗位内容的程度。同时,研究开发部门和工厂采用的分析方法也应有所不同,不仅要考虑现在的技术情况,也要考虑本产业技术进步的步伐和方向,因为不断更新的技术运用会迅速改变工作岗位的内容。

最后,企业内部的管理方式也是影响选择及运用工作分析方法的一个因素。领导者的行为可以分为专制型和民主型两种。民主型的管理方式倾向于在整个企业中采用综合型的工作分析方法,因为它鼓励员工关心总体的组织结构。专制型的管理方式主要以领导者的意志为主要考虑因素,这种管理方式更喜欢运用非量化的工作分析法。一般认为,管理方式对应用工作分析方法的主要影响是在多大规模上允许员工参与方案的设计和应用。

2. 所分析的工作

首先,工作分析时应结合企业业务流程,作为流程衔接与传递的节点,任何职位都必须在流程中找到自身存在的价值和理由,必须根据流程来确定其工作内容与角色要求。因此,在选择恰当的工作分析方法时,要求工作分析必须与流程相呼应,有效梳理企业流程,明确当前对职位的要求以及每个职位在整个流程中的作用与定位。通过和企业务流程相结合的工作分析,帮助企业对组织的内在各要素,包括部门、流程和职位,进行全面系统的梳理,帮助企业提高组织与流程设计以及职位设置的合理性。

其次,工作分析时要依据企业每一项工作自身的特点选择工作分析的方法。例如,观察法适用于大量标准化的、工作内容和工作程序相对静止的、周期较短的、体力活动为主的工作,如装配工人、保安人员等,不适用于工作周期长和脑力劳动成分比较高的工作、户外工作,以及处理紧急情况的间歇性工作,如设计师、律师等。而问卷调查法对于简单的体力劳动工作、脑力劳动工作、不确定因素很大的工作、复杂的管理工作都适用。访谈法则适用于对脑力劳动工作的分析。

3. 工作分析方法

从工作分析方法本身的特点角度来选择时,需要考虑各种方法的优缺点和方法的成本效益。前文在介绍各种分析方法时,已经详细介绍了不同分析方法的优缺点,在选择工作分析方法时,应该综合来考虑,在其优缺点之间找到平衡。同时,各种方法所要求的时间和费用不一样,所要求的分析人员的素质也不一样,由此产生成本差异。因此,在选择一种工作分析方法时,必须明确所需时间、财力、物力。

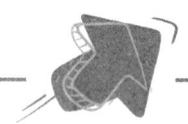

二、工作分析方法适用于人力资源管理领域的比较

工作分析方法适用于人力资源管理领域的比较见表3-5。

表3-5　工作分析方法适用于人力资源管理领域的比较表

因素	观察分析法	访谈分析法	问卷分析法
工作描述	√	√	√
工作分类		√	
工作评价			√
工作设计			√
工作规范	√	√	√
绩效评估		√	
培训开发		√	√
人员流动		√	
人力规划			√

第七节　工作分析方法的运用

案例：S公司是中国台湾地区的一家公司。该公司创业之初严重缺乏资本，当时员工也只有三十八人。但是经过全体同仁全力以赴，业绩逐渐成长，尤其在1959年年以后，业绩大幅扩张，分支机构一一增设，继而奠定了日后蓬勃发展的坚实基础。

S公司目前主要营业项目有存放款、代收、汇兑、信托、信用卡、外汇等。截至1987年底，共有六、七十个营业据点，员工二千余人。鉴于竞争威胁，为了提升竞争力，S公司积极投入各项改善方案以顺应环境潮流，期望以最有效率的方式引领组织迎接未来的挑战。

一、工作分析的动机及目的

（一）工作分析的动机

在产业环境竞争激烈情况之下，S公司意识到若以现存经营方式将无法在多变、不确定的环境变动中永续发展。因此，公司计划进行一连串的现状分析，从对内管理及对外经营两方面着手发掘问题。

在此计划下，公司进行了一连串的问题分析及诊断，发现在营运上若继续采用守株待兔而非主动出击的方式招揽客户，在竞争对手强势激进的行销手法下，将会丧失许多客户。有鉴于此，公司决定改变以往被动的做法，而以实际行动来主动争取客户，并在人员管理上以个人工作表现为未来晋升及调薪的基准，借以激励员工勤奋努力，创造出高品质的服务来满足客户需求。

但是若要达到公司所规划之目标，现行人力资源管理制度并无法支持公司新政策的推行，原因在于公司并无有效运用人力及激励员工。以下即是S公司在人力资源管理上的问题：

（1）在人力规划方面。Berger（1976）认为人力规划的主要内容包括短期计划与长期计划；短期计划系根据组织的目前需求测定目前人力需求，并进一步估计目前管理资源能力及需求，从而制定计划以弥补能力与需求间的差距；至于长期计划，则应以未来的组织需求为起点并参考短期计划的需求，以测定未来的人力需求。

然而，S公司对于人力需求并无完善的计划，目前以业务需要及人力资源部主管经验为主要衡量准则，见有职位空缺即进行递补，并无人力需求之规划。依此作法，在短期或许能找到递补人员，但是，对于公司在长期的发展上却是无益的。

（2）在招募与遴选方面。S公司在人员招募与遴选上，并没有依各部门的需求选取适用人才，而是各部门提出人员需求后，由人力资源部门对外进行招募活动，并主观初步筛选应征者进行笔试。笔试后，以成绩高低录取所需名额，并分派至各部门。因此，在任用上，常会发生人才并无适才适所的问题，非但员工无法适应，在工作上无法有所表现，部门亦因派任的工作无法完成而延误进度。

（3）在薪资管理方面。薪资管理的主要目的在于订定公平而合理的薪资制度。S公司现行的薪资制度采用年资薪制，员工个人薪资是依年资及升级考试而加以调整并非以绩效表现，虽然同一职等的薪资差距小，影响不大，大约只有一、二百元，但是升等后的薪资差距却有四、五千元之多，加上主管津贴差距有二万~四万之多，导致员工以追求升等为目的，并不求在工作上有良好的表现。

S公司制度的另一项缺点为同工不同酬。例如，同为柜员，每日负责相同的工作，却只因为服务年资的不同，导致薪资有很大的差异。在公司中，若有拥有相同条件，生产力相同的员工，所领的薪资却不同时，会使得员工产生不满的情绪，让他们不愿意再多付出努力或选择离职。另外，也会因薪资分配的不公平，降低员工的工作意愿，此时，公司面临的不只是组织绩效下降，员工因不满造成的事件，将使得人事成本增加，徒增公司负担。

一般来说，S公司新进人员的薪资是高于市场薪资，但是3~5年后的薪资却低于市场薪资，对新进人员来说，初期是具激励效果的，但几年之后会对公司给付的薪资不满，导致更大的反感与抱怨。

（4）在绩效考核方面。绩效考核制度的考核项目并未针对工作内容、职责做评核，即考核项目无法真正测出员工工作表现，再者，主管评核有集中趋势，员工的评等皆差不多，并无法有效区别绩效好与绩效差的员工。

（5）在晋升与调任方面。

①晋升。一般而言，企业组织晋升员工基于拔擢优秀人才、提高员工工作士气、减低员工流动率、有效运用人力及激励员工发挥潜力等。以S公司现行制度来看，员工并不清楚本身在公司的发展方向，及晋升路径，而且年资在整个晋升资格条件占了很大的比重，除了年资及绩效表现之外，对各职位所需的知识、技能、证照、所需训练等皆无正式之规范，造成在员工具备与职位要求的能力有很大差距，无法升任有能力、有担当的优秀人才。

在一般员工晋升上，需具备服务年资限制之资格，方能参加晋升考试。但是在这中间会发现当真正工作表现佳的人因无法通过考试而一直无晋升机会；较擅长于笔试的人，相对的晋升机会则较高，如此一来，使得员工的工作意愿低，工作表现不佳，也造成了公司的绩效不佳。

在管理职的晋升上，亦因无明确的知识、才能及个人特质的规范，以至于在升任后发生了无法执行管理工作的问题。

②调任。S公司在调任员工方面并无依据员工之专才及意愿予以调任，而是由人力资源部门与主管决定，因此，引起员工相当大之反弹。

（6）在训练与发展方面。公司十分重视员工的训练，对于各职位的教育训练课程均有规划，但是对于各职位所需的知识与能力尚无正式的说明，造成教育训练供给与需求有所差距，进而影响员工的受训志愿与发展。

根据上述之问题，可以发现S公司不管在晋升、调任、训练、绩效考核上都欠缺较客观的标准依据，而薪资的给付亦欠缺公平之衡量准则。所以，为了改善各项制度，公司对职位的职责必须清楚划分，并规范胜任各职位所需的知识及才能。而当务之急应着手进行工作分析，重视检查公司各类职位之工作内容与规范，并建立一套正式、完整的职务说明书,以作为公司后续改善之基础。

(二) 工作分析的目的

本工作分析方案执行的目的如下所述:

(1) 建立一套完整的职务说明书,作为公司经营与人力资源规划之基础。

(2) 建立各职位明确的任用条件,达到人才选用之适用性,并对招募遴选制度加以调整、补充。

(3) 依据工作内容及考核标准建立公平性与激励性的薪资制度。

(4) 配合训练发展与职业生涯管理制度,使公司每一位同仁,了解其角色、定位与未来发展路径与条件。

(5) 根据各职位工作分析的过程与结果,使部属与主管明确知道彼此工作的内容与目标,作为绩效考核依据的标准及修正的基础。

(6) 根据工作分析对各部门、职位的工作职责进行确认和划分,以便于日后营运的顺畅。

二、本研究之计划与执行

(一) 工作分析计划拟定

为确保工作分析的结果符合公司需求及整个分析过程能有效进行,在执行工作分析之前,个人拟定了一套工作分析计划。它包括:

1. 确定责任归属

工作分析的计划由谁来倡导?由谁来管理执行?此责任最好是由最适于执行该项工作的单位来主持。以现今人力资源管理的发展情况来看,许多人力资源管理功能多由人力资源单位负责,再者,工作分析计划会对组织中的许多单位、部门有影响,而人力资源部的地位,是担任单位间极其重要性的联络工作,因此,人力资源主管在直线单位作业与各管理层的服务之中,对工作分析资料的广泛使用应负有责任。

由于工作分析的专门性质,故大多要求人力资源专家来执行,因此,与公司高阶主管访谈商议后,决定由人力资源部及一位人力资源专家共同负责整个工作分析计划的进行,并由笔者协助进行。

2. 确定工作分析目的与背景资料收集

(1) 分析目的。为解决 S 公司的问题,与人力资源主管及专家多次讨论后,确认分析的目标。其中,最重要的是希望员工与主管对其工作能重新了解和检视,进而修改公司原有的绩效考核制度、晋升制度、薪资制度、招募与遴选制度，故在工作分析的过程中，着重在工作内容、职务与工作条件的确认及职位所需的知识及技能上，并强调与任职者与主管的沟通与合作。

在职务说明书的设计上，为使分析的资料具备完整性且避免过于复杂，遂将工作分析的结果－工作说明书与工作规范，合并为职务说明书。

（2）分析前之资料收集。在相关资料收集上，以公司既有相关资料（如组织图、各单位执掌说明书、访谈资料等）与工作分析方法、步骤的文献资料为主。

3. 确定工作分析样本与方法

（1）工作分析样本选定。因为此次工作分析是整体性的，所有职位均为样本，若同一职位任职者较多，则由人力资源主管、专家与直属主管依据职位工作内容与重要性决定参与分析人数。

（2）分析方法的选用。工作分析方法以问卷法为主，面谈法为辅的方式进行。其理由除了前述文献所提及的优点外，尚有以下之理由：

①问卷法。

S公司员工共有二千余人，职位计有二百多个，在成本及时间的考量下，为便于资料收集，及避免占用太多员工工作时间，因此，采用问卷法。

S公司员工的学历在高中、专科以上，在工作分析问卷填答上只要稍加说明，并不会有太大之问题。

使用自行设计发展的问卷，易于收集所需的资料且容易整理比较。

由员工亲自填写完问卷后，须交由主管复审，多一道审核程序，确保资料的正确性。

②面谈法。

为避免问卷法资料收集的不足或有误，将采行与主管再次面谈确认。

针对各职位所需的KSA进行二次确认，并与主管讨论员工的晋升发展路径。

4. 工作分析问卷之设计

为让全体员工了解及配合此次工作分析的进行，在问卷设计上考察了以下几项因素：

撰写"工作分析说明"（见附录一），说明了此次活动的目的、对公司及全体员工的重要性、须配合的事项及进行流程等，降低员工的疑虑及不安。

配合职务说明书所需数据设计，以较简单明了的方式呈现，免除烦琐的填写项目，增加员工参与的意愿。

基于时间及成本的考虑，工作分析问卷与职务明书的格式一致，由员工填写后交由主管审核，经确定填写正确后再打字存盘交回人力资源部。

在填答上，另外设计了"工作分析问卷填写说明"（见附录二），帮助员工进行问卷的填答。

5. 进行工作分析

在工作分析问卷进行发放前,由人力资源主管于主管会议中提出整体规划的流程与配合事项,在获得高阶主管及各单位主管的认同与支持后,由各单位主管代为发布及协助员工进行配合事项,以便于进行下一阶段的分析工作。

在问卷发放上采渐进方式进行工作分析问卷的填答。由于公司部门单位及职位数很多,加上各单位间工作内容不同,为使工作分析的结果符合公司现状与未来需要,故以单位为基准,采取渐进方式进行。

在进行工作分析填写之前先向填写者说明此次活动之目的,并说明填写项目之意义与原则,并带领填写者以范例内容浏览一次问卷的全部内容。

问卷填写时间以两个星期为限,填答者须在此两星期内填答完毕并交由主管审核,确定无误后再统一收集交回人力资源部。

6. 资料整合与分析

各单位交回的工作分析的问卷回收后,由工作分析人员进行相关资料与问卷的整理,并检查各项的填写是否完整,若有不清楚之处,再发回重新填写。

7. 撰写职务说明书

由上一步骤之资料整合分析后,撰写成职务说明书初稿。

8. 检讨与修正

职务说明书初稿完成后,由分析人员分别与各部门主管进行面谈,以确定整理的内容符合原意,并对于疑虑之处加以厘清及做进一步之确认,最后进行职务说明书的修正。

(二) 工作分析的实施与成果

正式进行工作分析前,考虑了各部门的工作内容及可行时间,先行拟定了进行时间表,基本上每个部门皆以两个星期为限,若不可行,则可弹性调整。

1. 问卷发放

进行各部门的工作分析问卷发放时,先集合各部门的各级主管进行半小时的说明,说明内容有工作分析目的、工作分析问卷填答及问题解答,并清楚告知此次活动的进行不会影响到员工现有权益,确定各主管都明了如何进行后,由主管辅导下属进行工作分析问卷的填答。

2. 填答期间

虽然在工作分析问卷填答前有过详细的说明,也进行了问题解决,但是仍是有许多问题产生,因此,在此期间必须注意各部室的填写状况,并予以协助。

3. 问卷回收及整理

对于回收的资料，首先必须检查是否填写完整，并仔细查看是否有不清楚、重叠或冲突之处，若有，便由工作分析与人力资源主管进行讨论，判断是否对此任职者或其主管进行面谈，以确认资料收集的正确性。

由于此次工作分析的问卷已设计成半结构式的形式，且与职务说明书格式相同，加上事先已请填写者将内容转换成计算机档案，因此，工作分析员只需以原档案进行修改即可，不需再花费许多时间将问卷内容转换成计算机文书文件，且只要资料确认无误，即可完成职务说明书的撰写。

4. 工作分析成果

依据此次工作分析目的进行工作分析所获得的成果即为职务说明书，此职务说明书内容对公司改善方案的好处如下所述：

（1）工作内容、职务上。在职务说明书上所列的工作职责，权力上可供公司厘清各工作内容有无重复、疏漏的地方，以及各职位的工作负荷是否平均，并进行重新分配；在人员配置上，也可根据工作内容进行现况修正及未来规划；在绩效考核上，由于职务说明书详细记载了各职位的工作内容，公司可依此对绩效项目进行评估，并设计出较客观且具效度的评核项目及水准；薪资上，公司可依工作内容进行进一步的评价，重新评估各职位相对公司的重要性，并调整薪资水准，以达到薪资公平。

（2）职位资格条件上。各职位所列的任用资格条件，可作为公司在招募人员时参考依据，找寻适合的人才；在员工晋升方面，提供明确的资格要求，以防仅使用服务年资及笔试晋升方式的缺失；在训练与发展上可鼓励员工依自己兴趣及生涯计划，针对特定职位所需的资格条件进行进修，一方面提升本职位的绩效，另一方面亦有激励的效果。

三、工作分析过程的心得

工作分析，在以往课堂上的实务演练只需访问某一特定工作，根据受访者答案予以分析，并完成一份职务说明书，然而此次工作分析的对象却不再只是一位，而是全公司所有的职务。因此，个人从规划到执行莫不战战兢兢，并不断与公司讨论，希望能顺利且圆满地完成此次的工作分析。

整个工作分析活动进行前最重要的就是确认工作分析的目的为何？期望分析后可得到什么样的结果？再来就是考察如何与公司主管及员工沟通，获得他们的支持。因此，做好整体规划是非常重要的，另外，在执行上更是须要不断地与员工沟通方能成功地完成工作分析方案。

由于公司组织图并不能提供所有工作内容，亦无法显示出组织中实际的沟通形态，因此要了解公司所有工作每日的实际活动及其职责是需要透过工作分析的。而在整个过程中最重要的是沟通，不只是和高阶主管协商讨论，和各单位主管亦须进行沟通说明，尤其是进行工作分析问卷填写说明时，要把握几项原则，如：与主管密切配合，找出最了解工作内容的员工，以及最能客观描述职责的员工；与面谈者建立起融洽的感情；准备一份完整的问题表格，并留下空白以供填写；如果对方的工作并非每天都一成不变，则要求对方将各种工作责任列出，并依重要性程度排定顺序。最后，在面谈结束之后，告知填写者将资料交予直属上司阅览一遍，以便做适度的修改及补充。事后，必须随时待命，因为在说明后仍是有许多员工不知道如何填写，而必须给予协助。

另外，在撰写职务说明书时，必须严格检查每份资料，最佳的处理方法即是与主管讨论职务说明书初稿内容是否正确，或是有何资料遗漏须加以补充的。

总之，获取高阶主管的支持是维持整个方案顺利进行的最大助力，除此之外，若有专职负责的单位则能帮助督促方案的进行。虽然工作分析是个浩大的工程，但是只要有完善的计划及公司全体人员的支持，必能圆满完成的。

四、工作分析结果建议

工作分析是人力资源各项功能依据的基础。此次工作分析的目的，除了职务说明书的建立外，亦是配合其他改善方案。以下就工作分析执行中所发现的问题与相关建议列举如下：

1. 在职务说明书上

职务说明书并非一成不变，工作内容、责任和权限、任用条件等均可能因内、外环境改变而需加以修改，因此，职务说明书应适时调整，使其具有参考和运用的价值，否则只是一堆历史资料而已。

2. 在相关改善方案上

职务说明书只是相关改善方案的基础，根据工作分析的执行与成果，公司应持续进行相关改善方案，方能达到最大效益。

3. 在各单位运作上

各单位或部门主管可根据此次职位相关资料之建立，确定单位内各项工作的流程与员工的工作任务，及不同部门联合主攻的项目及合作方式，以确保各项计划、方案与工作都能顺利完成，达到预定目标。

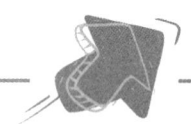

小结

工作分析内容确定以后，就应当选择适当的分析方法和工具了。工作分析的方法主要是指工作信息收集的方法。一般来说，收集信息的基本方法包括资料分析法、现场观察法、面谈法、问卷调查法、关键事件法、功能性职务分析法等，每一种方法都有优缺点，因此要根据工作分析的目的与内容，本着经济的原则来选择一种或几种方法。

观察分析法又称现场观察法，是一种由有经验的人通过现场观察记录的方法，具体来说是指工作分析人员在工作现场运用感觉器官或其他工具，观察特定对象的实际工作动作和工作方式，并以文字或图表、图像等形式记录下来，以收集工作信息的方法。这是工作分析中最简单，也是最常用的一种方法。

访谈分析法也称为面谈分析法，就是通过分析人员与任职人员面对面的谈话来收集工作信息的方法，可以采用个别访谈的形式，也可以采用集体访谈的形式。

问卷调查分析法是指组织相关人员以书面形式回答有关职位问题，以获取工作信息的调查方法。

关键事件法是要求调查人员、本岗位员工或本岗位有关的员工将劳动过程中的"关键事件"详细加以记录，在大量收集信息之后，对岗位的特征和要求进行分析研究的方法。

此外，还有一些其他工作分析方法，如资料分析法、工作日志法、工作参与法、功能性职务分析法等。

案例：A公司是我国中部省份的一家房地产开发公司。近年来，随着当地经济的迅速增长，房产需求强劲，公司有了飞速的发展，规模持续扩大，逐步发展为一家中型房地产开发公司。随着公司的发展和壮大，员工人数大量增加，众多的组织和人力资源治理问题逐渐凸显出来。为此，人力资源部开始着手进行人力资源治理的变革，变革首先从进行职位分析、确定职位价值开始。

第一步，他们开始寻找进行职位分析的工具与技术。在阅读了国内目前流行的基本职位分析书籍之后，他们从中选取了一份职位分析问卷，来作为收集职位信息的工具。第二步，人力资源部将问卷发放到了各个部门经理手中，同时他们还在公司的内部网上发了一份关于开展问卷调查的通知，要求各部门配合人力资源部的问卷调查。据反映，问卷在下发到各部门之后，却一直搁置在各部门经理手中，没有发下去。很多部门是直到人力资源部开始催收时才把问卷发放到每个人手中。同时，由于大家都很忙，很多人在拿到问卷之后，都没有时间仔细思考，草草填写完事。还有很多人在外地出差，或者任务缠身，自己无法填写，而由同事代笔。此外，据一些较为重视这次调查的员工反映，大家都不了解这次问卷调查的意图，也不理解问卷中那些生疏的治理术语，何为职责、何为工作目的，许多人对此并不理解。很多人想就疑难问题向人力资源部进行询问，可是也不知道具体该找谁。因此，在回答问卷时只能凭借自己个人的理解来进行填写，无法把握填写的规范和标准。

一个星期之后，人力资源部收回了问卷。但他们发现，问卷填写的效果不太理想，有一部分问卷填写不全，一部分问卷答非所问，还有一部分问卷根本没有收上来。辛苦调查的结果却没有发挥它应有的价值。

与此同时，人力资源部也着手选取一些职位进行访谈。但在试着访谈了几个职位之后，发现访谈的效果也不好。因为，在人力资源部，能够对部门经理访谈的人只有人力资源部经理一人，主管和一般员工都无法与其他部门经理进行沟通。同时，由于经理们都很忙，能够把双方凑在一块，实在不容易。因此，两个星期时间过去之后，只访谈了两个部门经理。

人力资源部的几位主管负责对经理级以下的人员进行访谈，但在访谈中，出现的情况却出乎意料。大部分时间都是被访谈的人在发牢骚，指责公司的治理问题，抱怨自己的待遇不公等。而在谈到与职位分析相关的内容时，被访谈人往往又言辞闪烁，顾左右而言他，似乎对人力资源部这次访谈不太信任。访谈结束之后，访谈人都反映对该职位的了解还是停留在模糊的阶段。

A公司的工作分析方法出了哪些问题？

复习题

1. 工作分析的基本方法有哪些？
2. 观察分析法的含义及运用原则
3. 访谈分析法的内涵
4. 问卷调查分析应注意的问题
5. 关键事件法的优缺点
6. 如何进行工作分析方法的选择？
7. 如何进行工作分析方法的评价？
8. 什么方法更适用于绩效评估？
9. FJA法的优缺点是？

参考文献

1. 萧鸣政：《工作分析的方法与技术》北京：中国人民大学出版社，2018

2. 付亚和：《工作分析》上海：复旦大学出版社，2019
3. 陈维政：《人力资源管理与开发高级教程》北京：高等教育出版社，2005
4. 安鸿章：《工作岗位的分析技术与应用》天津：南开大学出版社，2005
5. 王小艳：《如何进行工作分析》北京：北京大学出版社，2004
6. 文征：《员工工作分析与薪酬设计》北京：企业管理出版社，2006
7. 李中斌：《工作分析理论与实务》大连：东北财经大学出版社，2021
8. 朱勇国：《工作分析》北京：高等教育出版社，2021

附录一　S公司工作分析说明

1. 目的。此次进行工作分析的主要目的，主要是为了配合公司进行各项制度的制订与修正。而此目的的达成需要有各职位之相关正确资料，因此，将借助工作分析来了解各职位的工作内容、职责与权力；工作环境及担任此职位所必须具备的知识、技术、能力，以便利于公司进行人力资源管理制度的修正。

2. 重要性。

（1）薪资制度上。为建立合理、公平之薪资给付的重要参考依据。

（2）在工作分配上。借由工作分析可了解各职位间工作内容有无重复、疏漏及各职位的工作负荷是否平均，重新进行工作的调整与分配。

（3）在招募遴选上。可依照工作分析所决定出的任用资格来甄选新进人员。

（4）在绩效考核上。工作分析清楚地订定各职位的工作职掌，让主管与员工充分地了解工作的内容为何，同时可根据各职位的工作内容、职掌及权责来决定绩效考核的项目与方法。

（5）在训练与晋升发展上。新进员工可依据职务说明书的引导，加速其适应该职位。员工可以依据职务说明书上任用资格和知识、技术与能力了解自己必须提升及培养的能力有哪些，进而提升员工参与训练的意愿，同时，也可依据担任各职位所需具备的资格条件，根据自己的兴趣与能力来规划自己未来的发展路径。

3. 工作分析流程。填写个人的工作分析问卷；完成后交由部门各级主管复核（主管复核后请在问卷最后一页签章）；各级主管复核后交由员工将问卷制作成电子文件；然后，连同电子文件与原始书面问卷交由人力资源部门作最后复核（填写不完整者，退回补填）。

4. 各单位主管配合事项。

（1）将工作分析问卷交由单位内同仁填答（含部室经理、科长及其他员工），若有部分的同仁担任的为相同职位（即其工作内容是完全相同的），请主管依工作内容的重要性选择其中一人填写问卷即可。

（2）请各位主管协助同仁填答工作分析问卷，请特别注意，工作分析所要了解的是担任"该职位"的工作内容及必须具备的任用资格等，而非目前担任该职位"同仁"的工作内容或资格。重点是"工作本身"，而非"人"。

（3）同仁问卷填答完后，请各级主管负责复核的工作，检查看看同仁是否有漏填或填答错误部分（特别是工作职掌及担任该职位的资格条件），同时，在问卷上进行更正，审核无误后，请发还同仁打字存盘。

（4）同仁建档完成后，请交回人力资源部。

附录二 工作分析问卷填写说明

各位同仁您好：

公司目前将进行各职位的工作分析，主要目的是了解各职位的工作职掌、工作环境及担任该职位所需拥有之资格条件，进而建立一个完整的职务说明书，作为公司规划人力资源相关制度的一项参考依据。

在您回答以下的问题时，请以"所担任的职位"为填答问卷的考量基准，做客观的思考与回答，重点是"职位"，而非目前担任此职位的"人"。您所提供的信息愈充分，对于制度规划的帮助就愈大，敬请详尽、客观的填答。谢谢您的协助！

敬祝 工作愉快！

发文者：人力资源部

联络分机：

一、部室代码：请参照公司部门代码再填写。

二、单位名称：请填写服务单位的名称，例如，"人力资源部"。

三、职称级数、代主管：请填写自己的职称级数，若有代理主管，例如三专一级代科长，则职称级数填"三专一级"、代主管填"科长"。

四、主要职掌：以两到三句话简单叙述所担任职位的主要工作内容。例如：人力资源部经理的主要职掌为"负责公司人事制度规章、员工福利及教育训练等相关事务的督导、规划与执行工作，以达到人力资源工作顺利执行的目的"。

五、工作职责：

1."工作项目"：可参考"总行各项事务分层负责表"中各部室的事务项目，由于部室主管所负责的事务项目较为纲要，因此，部室主管请填写纲要事务项目，而其他同仁，请填写细部的事务项目。以国外部进口科为例，国外部主管的工作项目请填写"进口信用状之开发及修改",而进口科的同仁请填写"信用状之签发""各项账务的处理",若"总行各项事务分层负责表"中的项目不足,请自行填写工作项目。

2."工作方式":请在右侧工作方式的选项中选择最合适者打"√",若无合适者请在"其他"处说明;可复选。

工作方式说明:

督导:指负责此项工作项目的人员作业、进度执行、费用使用的监督、指导与管理。

规划:指负责此项工作项目的进度、执行流程与费用的预先计划。

拟定:指负责此项工作项目的相关制度、规章与办法的研拟制定。

管控:指负责此项工作项目确预算与费用支出的管理和控制。

维护:指负责此项工作项目的相关资料的保护与关系的维持。

评估:指负责此项工作项目的各项作业、绩效的评核与分析。

执行:指负责此项工作项目的实际作业的实施与完成。

协助:指对于此项工作项目提供负责者必要的配合措施与帮忙。

其他:上述方式无法适切表示,请提出说明。

职务代理人职称:若代理人为非主管,则其职称可填"—",如"人事科办事员"。若为主管指派,请填"由主管指派";若无特定的职务代理人则免填。

六、责任与职权:

1. 保管的资料:为担任此职位所必须保管的资料。例如:员工手册。

2. 保管的资产:为担任此职位所必须保管的资料。例如:个人文具用品、计算机。

3. 经办财务、预算或费用:为担任此职位所必须经办或负责的财务、预算或费用。例如:编列部门预算、保管部门零用金。

4. 应准备的报告:为担任此职位所必须提出的"定期"与"不定期"的报告、报表、资料。例如:员工出缺勤报表(定期)。

5. 工作往来对象:请填写担任此职位,因职务所需必须往来的"部门或对象""接触的方式"(如接洽或电话询问)、"接触的目的"及"频繁度"(如每日一次或每月二次)。

6. 职务权限:即担任此项职位,拥有的职位权责、权限(提报、审核、核决)有哪些?例如:提报出勤异常人员名单、审核员工出差旅费报告、核决 2000 元以下之出差费用。

七、担任此职务的资格条件:

1. 教育程度:请填写担任此职务所需具备的教育程度,如"研究所以上""大学""专科""高中（职）"。

2. 科系限制：请填写担任此职务的科系限制。如企管、商学相关科系。

3. 性别：请填写担任此职务的性别限制。如"男""女"或"不限"。

4. 年龄限制：请填写担任此职务的年龄限制。

5. 生理条件：请填写担任此职务的生理条件限制。

6. 相关经历：请填写担任此职务的所需之相关经历。如"5年以上金融业主管经验"。

7. 专业知识：因工作执行上需要，而必须具备的专业性知识。例如：人力资源部经理须具备人力资源管理、管理学等专业知识。

8. 专业技术：指在此职位，因工作执行上需要，必须具备的技术。例如：业务人员需具备行销/销售的技巧。

9. 能力：指在此职位，因工作执行上需要，必须具备的能力。例如：管理人员需具备良好的领导、协调、沟通能力。

10. 训练：指在此职位，因工作执行上需要，必须受过的训练课程名称与时数。例如：担任员训科科长需受过内部讲师训练、管理人员需受过管理相关课程。

11. 证照：指在此职位，因工作执行上需要必须拥有相关执照与证书。例如：担任员训科科长需拥有内部讲师证照。

12. 招募文案：填表人不必填写。由人资部门填写。

填表人请于8月11日前填写完毕（请在填表人栏签章），然后交由所属单位各级主管审核（请特别注意审核工作职掌及担任此职务之资格条件的填写内容），若有填写错误之处，主管请直接在问卷上更改，审核无误后（请在审核人栏签章），交由部属将此资料依照规定格式腾于所附之计算机档案，存于磁盘中，将磁盘并同原始书面问卷一并于8月18日前交回人力资源部。

第四章 工作分析结果

案例： 一个机床操作工不小心把大量的液体洒在机床周围的地板上。车间主任叫操作工把洒掉的液体清扫干净，操作工拒绝执行，理由是工作说明书里没有包括地面清扫的条文。车间主任顾不上去查工作说明书上的原文，就找来一名服务工来做清扫工作。但服务工同样拒绝，他的理由是工作说明书里没有包括这一类工作。车间主任威胁说要把他解雇，因为这个服务工是分配到车间来做杂务的临时工。服务工勉强同意，但是干完后即向公司投诉。

有关人员看了投诉后，审阅了三类人员的工作说明书：机床操作工有责任保持机床的清洁，使之处于可操作状态，但未提及清扫地板；服务工的工作说明书规定了服务工有责任以各种方式协助操作工，如领取工具和原材料，随叫随到，即时服务，但也没有包括清扫工作；勤杂工的工作说明书中确实包含了各种形式的清扫，但是他的工作时间是从正常工人下班后开始的。

每位员工都按照工作说明书来完成工作，却使得洒在机床周围的机油成了无人负责的工作内容。可见，工作说明书的科学制定在日常工作中起着重要作用。

问题：

（1）对于服务工的投诉，你认为应该如何解决？

（2）如何防止类似意见分歧的重复发生？

（3）你认为该公司在管理上有何改进之处？

第一节 编写工作说明书

工作分析目的在于规范组织的工作流程、明确岗位职责与权限，因此在工作分析应包括职位的角色、工作的主要目标、汇报关系、专业知识等组织、岗位、个人三方面的信息。工作分析（Job Analysis）最终的表现形式主要是工作描述（Job Descriptions）和工作规范（Job Specifications）。工作描述主要说明工作的内容是什么，是关于工作执行者要做什么，如何做以及在什么条件下做的一种书面材料。

工作规范的内容主要说明雇佣什么样的人来从事该工作，说明了工作执行者为了圆满完成工作所必须具备的知识、能力和技术。工作描述与工作规范最大的不同，在于工作描述是以"工作"为主角，而工作规范是以担任某工作的"员工"为主角。当工作分析成果包含工作规范相关内容时，工作描述又被称为工作说明书。因此，在工作分析实际操作中，工作描述与工作说明书往往是同一概念。本节重点对工作说明书的编写方法进行详细介绍。

一、工作说明书的主要内容

工作说明书是以标准的格式对职位的工作内容及任职者的资格条件进行规范化的描述文件。

通过工作分析程序所获得的资料，经过归纳与整理，可撰写成工作说明书。

工作说明书编写的过程并无固定的模式，需要根据工作分析的特点、目的与要求具体确定编写的条目。一般来说，大部分工作说明书主要包括：工作标识、工作综述、工作联系、职责与义务、工作权限、绩效标准、工作条件与工作环境、工作规范等内容。

1. 工作标识

工作标识部分的作用是便于对各种工作进行识别、登记、分类。它包括工作的名称、编号、所属部门、薪资范围、工作地点、工作说明书的具体编写日期、撰写人、审核人等项目（表4—1）。特别应注意的是的工作名称的选择，应注意使职位名称标准化，命名应准确，并符合人们一般的理解，使人们通过职位名称可以了解职位的性质和内容。例如，"肉品检验员""电子发配员"等。工作名称还应指明其任职者在组织等级制度下的相关等级，例如"大区销售经理助理"名称就比"大区销售经理"等级低。

表4—1　××公司工作说明书的工作标识表格

公司名称	××公司	工作名称	电冰箱销售员
所属部门	室内销售	工作代码	×××
工资等级	5	工作种类	销售
报告对象	地区销售经理	工作地点	成都市
分析人	×××	批准人	×××
		批准日期	2022—10—22

2. 工作综述

工作综述部分内容应用简短的语言描述工作的总体性质，即用非常简洁和明确的一句话来表述该职位存在的价值和理由。例如，人力资源部经理的工作概要为："制定、执行与人事活动相关的各方面的政策与措施"。任何职位的存在价值都在于它能够帮助组织实现其战略目标。因此,工作综述可通过分解以下问题的方式获得。

(1) 组织整体目标的哪一部分与该职位高度相关?

(2) 该职位如何对这部分组织目标作出贡献?

(3) 如果该职位不存在,组织目标的实现将会以什么方式说明问题?

(4) 我们为什么需要该职位的存在。

用图4-1可更直观描述出工作综述的形成过程。

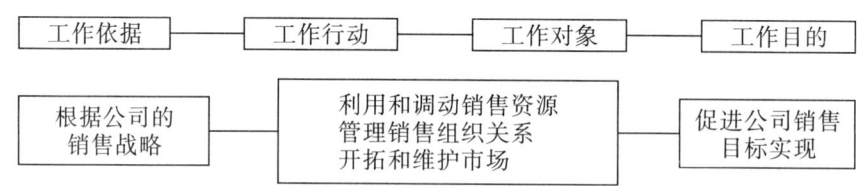

图4-1 工作综述的形成过程

一些专家认为,应力图避免在工作综述中出现笼统的描述,如"执行需要完成的其他任务"。因为一项经常可以看到的工作内容不被明确写进工作说明书,而只是用像"所分配的其他任务"一类的语言,就很可能会成为员工逃避责任的一种托词,使得对工作的性质以及员工需要完成的工作的叙述出现了漏洞。

3. 工作联系

工作联系部分说明该工作与组织内外部有关人员的联系情况,所接受的监督以及所实施的监督等。

工作联系的一部分是该职位在组织中的位置,用组织结构图来进行反映。组织图是职位描述中的核心部分,反映了该职位在组织中的上下左右关系。由此可直观地获得此工作可晋升的职位、可转换的职位以及可以升迁至此的职位、与哪些职位发生关系等信息。如图4-2所示。

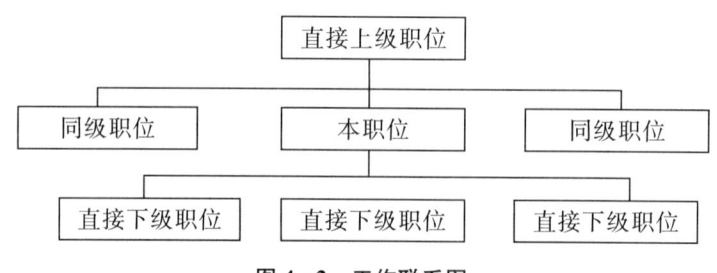

图4-2 工作联系图

工作联系的另一部分是该职位任职者在工作过程中与组织内部和外部各单位之间的工作联系,包括联系的对象、方式、内容、联系所用的工具和频次等,主要反映出完成工作所要求的人际交往的数量和程序、各部门之间的关系。以人力资源经理为例,工作联系可用下文来描述:

报告工作对象：分管人事工作的副总经理；

监督对象：招聘主管、培训主管、薪资福利主管等；

工作合作对象：所有部门经理和行政管理人员；

接触的公司外部人员：劳动和社会保障部门工作人员、就业服务机构工作人员、人力资源咨询专家等；

职业发展：该工作可迁升的职位是分管人事工作的副总经理，可转换的职位是行政经理，可补充的职位是薪资主管、劳动关系主管等。

4. 职责与义务

职责是职务与责任的统一。岗位职责的分析，不仅包括对本岗位任务范围的分析，还包括岗位责任大小、重要程度的分析。在这一部分内容里应详细罗列工作职责和工作任务，每一种工作的主要职责都应用任职者的行动加上行动的目标列举，对每一任务也应用一两句话加以描述。例如，对企业人力资源经理的人力资源规划职责的表述，与其用"负责公司的人力资源规划"，不如用"拟订公司的人力资源计划并监控其执行，以确保公司对人员编制的控制和公司经营发展"更直观和准确。同理，"招聘管理"职责可以定义为"为填补职位空缺而进行员工招聘、面谈、甄选活动"，"薪资管理"职责可以定义为"在劳动力市场上展开薪资调查，确定竞争性市场工资率"。

岗位职责分析的项目有：①资金、设备、仪器仪表、工作器皿、原材料的使用、保管；②与他人的分工、协作、安全生产等；③完成工作任务的数量、质量以及劳动效率；④维护企业信誉、市场开发、产品设计、生产工艺、质量检验、行政管理、政治思想、素质培养等。

分析工作职责有两种办法，一种是基于战略的职责分解，一种是基于流程的职责分解。基于战略的职责分解，侧重于对具体职责内容的界定，主要是回答"该职位需要通过完成什么样的职责来为组织创造价值"。基于流程的职责分解，侧重于对每项工作职责中的角色和权限进行界定，主要回答"在每项工作职责中，该职位应扮演什么样的角色，应如何处理与流程上下游之间的关系"。常用的职责书写规范见图4-3。

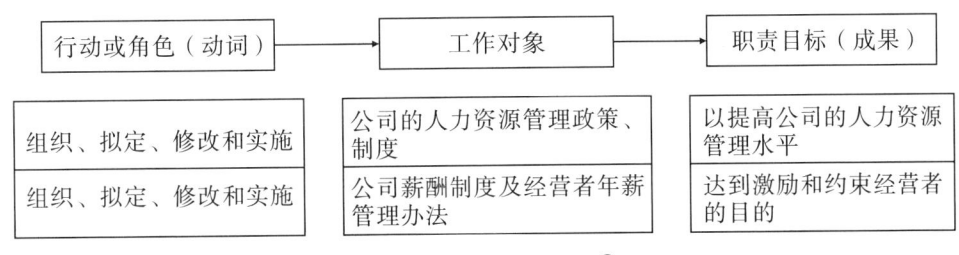

图4-3 职责分解流程①

---

① 彭剑锋：《人力资源管理概论》（第三版）复旦大学出版社，2018

一般来说，职责描述应遵循以下规则：

（1）按照主次逻辑顺序来编排职责。即按照各项职责的重要程度和所花费任职者的时间多少进行排列，将最重要的职责、花费任职者多时间的职责放在前面，将次要的职责、花费任职者较少时间的职责放在后面。各项职责出现的频率高低可以通过完成各项职责的时间所占的比重来表示。

（2）采用"动词+宾语+结果"或"工作依据+动词+宾语+结果"的书写格式，其所指的句子主语是实施工作的员工。动词的选择可参照岗位职责动词使用规范表；宾语表示该项任务的对象，即工作任务的内容，结果表示通过此项工作的完成要实现的目标，可用"确保、保证、争取、推动、促进、提升"等词语连接。每个句子要反映一个目的。

（3）尽量避免采用模糊的动词，如"负责""领导""管理"等词。准确运用动词，会使各岗位职责更清晰。常用的动词包括有分析、批准、授权、引导、控制、派出、协调、开发、评估、保持、操作、执行、介绍、计划、监督、培训、审核等。

（4）尽可能表达准确的数量，避免使用诸如"许多""一些"等模糊的数量词。"偶尔"一词用来描述那些难得做一次的工作职责。"可能"一次被用于描述只由某些员工做的工作职责。若能明确标注各项职责上所耗费时间的百分比则更好。

（5）尽量避免使用任职者或上级不熟悉的专业化术语和冷僻术语。若有采用这样的术语的必要，可在工作说明书的附件中加以解释。

（6）避免出现由多个行动和多个对象引起的职责歧义，对行动和对象最好分别单独表述。

（7）岗位职责应进行合并和精简。有专家认为，最后归纳出的职责，最好不超过八项。

（8）对于一些岗位职责划分不是非常清晰的企业以及部分特殊职位，为了避免出现主管人员交代给下属某项临时工作任务遭到下属的拒绝，可在下属的岗位职责的最后加上一句"完成公司交付的其他任务"

目前，美国劳工部起用新的标准职业分类（standard occupational classification，SOC），该职业分类将所有工作分为23个主要工作群，下设98个二级工作群，1016个具体的职业，并公布了821份具体职业的工作说明书。[①] 管理者可参考和运用这些工作说明书来确定工作职责。

5．工作权限

根据该职位的工作目标和工作职责，分析组织赋予该职位的决策范围层级与控

---

① 加里·德斯勒：《人力资源管理》（第14版）中国人民大学出版社，2017

制力度，包括工作人员决策的权限、对其他人员实施监督权、重大的业务权限以及经费预算的权限等。如工作承担者有权批准 5000 元以内的采购；有权批准员工请假或缺勤时间；建议提薪等。工作权限主要应用于管理岗位的工作描述，以确定职位"对企业的影响程度"和"过失损害程度"。另一方面，通过在职位说明书中对该职位相应的工作权限的准确表述，可进一步强化组织的规范化和任职者的职业化意识。

工作描述中的工作权限并非来自工作本身的分析，该部分内容主要来自组织内部的《分权手册》赋予该职位的权限，一般集中于人事权限、财务权限和重大的业务权限。

6. 绩效标准

有些工作说明书中还需包括有关绩效标准的内容，说明雇主期望员工在完成工作说明书的每一项任务时应达到什么样的标准。它是提供职位绩效考核指标的重要基础和依据。确定绩效标准的一个最为直接的方法是把下面的话补充完整："如果你……，我会对你的工作完全满意。"如果对于工作说明书中的每一职责和任务都能按照这句话叙述完整，那么就形成了一套完整的绩效标准。当然，此处的绩效标准不是绩效考核指标，它主要告诉我们应该从哪些方面和角度去构建该职位的考核指标体系，而不是提供具体的可操作的考核指标。

如人力资源经理的一项任务是"员工流动管理"，其绩效标准可以描述为：

（1）在员工提出辞职报告后的 3 天内与其进行面谈，以确定员工辞职的真正原因；

（2）在员工离职后的 3 天内，就员工辞职的原因填写员工辞职说明；

（3）定期（每月 1 次）就降低员工流动率和缺勤率撰写报告、提出建议。

7. 工作条件与工作环境

工作条件包括该岗位完成工作任务需要哪些工具、机器、设备等，比如秘书所用的打印机、复印机、电脑、一般文具等。

工作环境包括了工作的物理环境、安全环境、社会环境等。工作物理环境包括湿度、温度、照明度、噪音、震动、异味、粉末、空间、油渍等以及工作人员和这些因素接触的时间，有些工作说明书标明高山、露天场所等特殊的工作环境。工作的安全环境主要包括工作的危险性，可能发生的事故、事故的发生率和发生原因，对身体的哪些部分易造成危害以及危害程度，易患的职业病、患病率以及危害程度等。社会环境包括工作群体的人数、完成工作要求的人际效应的数量、各部门之间的关系、工作地点内外的文化设施、社会风俗习惯等。

一般情况下，工作环境的分析主要针对操作工人的职位描述，这是制造类企业传统的"岗位分析"中的核心内容，主要为职位评价提供与压力相关的职位信息和明确可能产生的危险，以便用于确定补偿性薪酬等。针对管理人员、专业人员和知识型企业员工的职位分析，工作环境的分析意义不大。

8. 工作规范

工作规范的内容主要回答这样的问题："要做好该工作，任职者必须具备什么特征和哪些经验？"工作规范可以是附在工作说明书的一个部分，也可是单独的一份文件。但通常将工作规范作为工作说明书的一部分。

一般工作规范中包含的主要项目有学历要求、知识经验要求、年龄要求、一般能力要求、兴趣爱好、个性特征、体能要求等内容。

工作规范或任职资格的确定要从实际工作的需要出发，避免提出不切合实际的条件。特别要避免"歧视"。例如，招聘办公室打字员可以测试他（她）的手指的灵活性或者明确提出每分钟打字速度的要求。但是如果没有明确的研究结论证明年龄与手指灵活性之间有特定的关系，就不应该提年龄要求。

总之，凡是一切与工作有关的资料均在工作分析的范围之内，工作说明书格式多种多样，内容可简可繁。分析人员要采用统一的格式，使用准确、简洁的语言，将上述的八部分全部或主要部分加以表述，以便形成规范、准确、使用方便的管理文件。

二、工作说明书编写的步骤

工作说明书编写的步骤可见图 4—4。

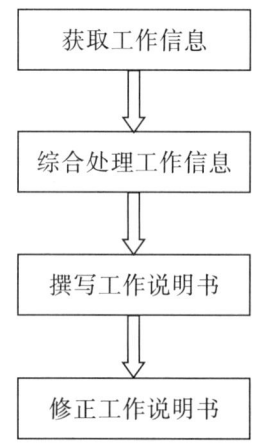

图 4—4　工作说明书编写步骤

（一）获取工作信息

（1）分析组织现有的资料。浏览企业组织已有的各种管理制度文件，并和企业组织的主要管理人员进行交谈，对组织中开发、生产、维修、会计、销售、管理等职位的主要任务、主要职责及工作流程有个大致的了解。

（2）实施工作调查。充分合理地运用工人分析方法，如观察法、访谈法、关键事件法、工作日志法等，开展工作分析，尽可能地全面获得该工作的详细信息。这些信息包括工作性质、难易程度、责任轻重、所需资格等方面。

（二）综合处理工作信息

（1）对根据文件查阅、现场观察、访谈及关键事件分析得到的信息，进行分类整理，得到每一职位所需要的各种信息。

（2）针对某一职位，根据工作分析所要搜集的信息要求，逐条列出这一工作的相关内容或者工作分析清单（job analysis inventory），形成初步的工作说明书。

（3）工作分析者在遇到问题时，需随时与公司的管理人员和某一职位的工作人员进行沟通，针对同一职位但回答差异很大的项目进行商议，以取得统一意见。

（三）撰写工作说明书

（1）由工作小组全体成员讨论制定职务说明书的编写规范。如按行政和业务分类展开工作职责和内容；工作说明书的编写最好在一个固定的办公地点由小组成员统一进行，以便于及时沟通。每个成员侧重编写本部门或个人最为熟悉的职务说明书；一个部门完成后再进行下一个部门。需要指出的是，现在市场上可以买到解决这种费时而又必需的任务的软件，编写者也可从网上下载有关的样本。

（2）将草拟的工作描述和工作规范与实际工作进行对比。召集整个工作分析中所涉及的人员，并给每位分发一份说明书初稿，由大家讨论根据以上步骤所制定的工作说明书是否完整、准确。讨论要求仔细、认真，甚至每个词语都要认真斟酌。工作分析专家应认真记下大家的意见。如果是书面征求意见，应在分发说明书初稿时随附一份意见反馈表格，如下表所示。该信息反馈表经过任职者与任职者的主管填写后，再返回到工作分析人员手中。

（3）根据讨论的结果决定是否需要进行再次调查研究。若需要，则重复以上步骤。特别是重要的岗位，其工作描述与工作规范应进行多次修订。

（4）根据讨论的结果，工作分析人员最后确定出一份详细、准确的工作说明书。

（四）修正工作说明书

将工作说明书应用于实际工作中，注意收集应用中的反馈信息，并不断完善。完成工作分析之后应针对每项工作活动进行检查，以改善或重新设计最有效的

工作分析表。常的方法是定期对每项工作的组成进行如下核查。

可以删除吗？　　　　　E（eliminate）
可以简化吗？　　　　　S（simplify）
可以合并吗？　　　　　C（combine）
可以改良吗？　　　　　I（improvement）
可以创新吗？　　　　　I（innovation）

通过以上ESCII式的询问模式之后，若发觉现有的工作概念、内容、方法或者已经不尽合理应该改良时，或者需要作部分更换，或是发现原有的一套已经完全过时必须以全新的方法代替。特别要强调的是，所有的修改最好填写修改分析单，明晰导致误差的原因和避免重复出现误差的方法，这样可以保证工作分析活动能够持续进步。

以上步骤为企业在编制工作说明书的主要步骤，企业可根据实际情况对其中的细节进行取舍和调整。最后还应对工作分析本身进行总结评估，给出职务说明书信息反馈表（表4-2），注意将工作说明书存档保存，为今后的工作分析提供经验与信息。

表4-2 职务说明书信息反馈表

职务		部门	
意见	1. 2. 3.	职位直接领导：	部门（章） 年　月　日

三、编写工作说明书应遵循的原则

（一）对岗不对人

工作分析的对象是职位，而非员工。工作分析不是对现职人员工作情况的描述，不是对个人性格的分析，也不是对工作绩效的分析，而是从职位本身出发，分析职位的职责权限、主要工作内容，需要何种知识、技能才能高效率和高效益地履行等符合该工作客观实际的信息上。

（二）对事不对人

在工作分析过程中，要以"事"为出发点，严格以职位的要求来编写职务说明书,确保无论谁在这个职位上,所需要做的事情都是一样的。在工作分析中的沟通环节也要力求对事不对人,使沟通双方畅谈工作、表达一些真实想法。

(三) 对当前不对未来

工作说明书初始编写阶段应该反映编写时的工作职责和工作关系等,不是对过去的回顾,也不是对将来的展望。不过,当一项工作被新创建出来或者正遭受巨大变革时,工作分析就要基于组织战略,针对"未来的职位"进行分析。

(四) 对职责不对待遇

工作说明书分析了各岗位主要职责,可以获取该职位为组织创造价值贡献大小和重要性的相关信息。但是,工作分析只能提供薪酬要素的部分信息,是岗位评价的依据,但不是岗位评价,因而不能根据工作分析直接得出岗位等级和薪酬等级。在描述绩效标准时,不要涉及奖惩处理的内容。

四、工作说明书编写的基本要求

工作说明书在组织管理中的地位极为重要,是管理者招聘人员和绩效考核等重要决策的参考依据。一份好的工作说明书必须符合下列要求:

(一) 清晰

在整个工作说明书中,应全部使用现在时态。对工作的描述应注意使用浅显易懂、直接的语言,尽量避免生疏或者专业性过强的术语。让任职人员读过以后,可以准确地明白其工作内容、工作程序与工作要求等,无须询问他人或查看其他说明材料。应避免使用原则性评价,同时对较专业且难懂的词汇必须解释清楚,以免在理解上产生误差。这样做的目的是让使用工作说明书的人能够清楚地理解这些职责。

(二) 具体

在编制时,内容要越具体越好,但各项描述不交叉重叠。在说明工作的种类、复杂程度、任职者须具备的技能、任职者对工作各方面应负责任的程度这些问题时,措辞上应尽量选用一些具体的动词,通过使用具体的词汇,指出工作的种类、复杂程度,需任职者具备的具体技能、技艺,以及应承担的具体责任范围等。职位说明书中的工作职责,应该能成为绩效指标的基础;任职资格的描述,更应该能成为招聘的依据。工作说明书应该具有实用性:任务明确好上岗、职务明确易考核、

资格明确好培训、层次清楚能评价。一般来说，由于基层员工的工作更为具体，其工作说明书中的描述也更具体、详细。

（三）简洁

整个工作说明书必须文字简单明了，所有的词汇要必须包含所需要的信息，不必要的词语要省略。工作说明书总体上要简短扼要，以免过于复杂、庞大，不便于记忆。在描述一个岗位的职责时，应该选取主要的职责进行描述，对兼顾的职责可以做出必要的补充和说明，不要试图穷尽所有的职责，职责最好不超过八项。

（四）规范

工作说明书可用表格显示，也可用文字叙述，格式可以多种多样。但在一个企业里对各个岗位应使用统一格式的工作说明书，注重整体的协调，形成规范、准确、使用方便的管理文件。工作说明书的编写形式和用语应符合本公司的习惯，切忌不要照搬照抄其他公司的范本。必须保证一个岗位一个说明，即使是同一名称的岗位，但工作内容和性质不同，也不能用同一份说明书，必须分开说明，这样才能做到事事清，事事明。

五、编写工作说明书的注意事项

（一）工作分析要与公司战略相结合

企业的战略目标需要组织支撑，工作分析并不是描述出每一职位任职者实际承担职责、工作权限和工作流程的现状，不是要解决"目前大家正在做什么"的问题，而是要解决"大家需要做什么，谁来做最合适"的问题。企业首先应制定明确的战略目标，进而由规范优化的流程合理设计组织架构，然后再层层分解，将目标落实到各职能部门，部门的职能分解到各岗位，这才有了岗位的职责。所以，岗位的职责和任职资格的分析，都需要结合企业的战略目标。工作说明书的编写应具备全局观，不孤立地看待职位，而应站在部门和公司的高度，看待职位在组织和流程中的位置和职位存在的价值。

（二）要在工作岗位已经明确的前提下开展工作分析

企业应该根据自己的业务流程以及企业其他方面的一些特殊情况，合理设计组织的结构，明确界定不同部门或经营单位的主要职责，然后在此基础上设计、分析每一个职位上的人应当从事的主要职责以及相应的工作任务。如果组织结构比较混乱或是处理机构改革过程中，许多工作岗位还未确定的话，一定要在组织结构和工作岗位确定后，再行工作分析。否则，所获得的信息对企业几乎没有任何价值。

（三）工作分析要以工作为基础

工作分析要以工作为基础，以此推动职位设计的科学化，强化任职者职业意识和职业规范。同时，工作分析要充分照顾到任职者个人能力和工作风格，在强调工作内在客观要求基础上，适当体现职位对人的适应，实现职位与人的动态协调与有机融合。[①] 目前部分企业由于工作环境的变动性以及带来的工作关系的复杂性，工作说明书需要分析得透彻但又必须有很好的弹性，不能太死板，要随着工作中的变化而调整。

（四）工作分析应注重分析

工作分析是分析而不是列清单。工作分析不应将职责、任务、业绩标准、任职资格等要素进行简单罗列，而是要在分析基础上对该职位进行全方位、富有逻辑的系统思考。也就是说，工作分析应从该职位对组织的贡献、该职位与其他职位的内在联系、该职位在流程中的位置与角色以及其内在各要素的互动与制约关系等方面按照一定的逻辑联系进行总体把握。

（五）工作分析要实施动态调整

工作描述是对有关岗位工作的一般性说明，很少考虑到岗位工作任务的动态特征。在实际工作当中，随着公司规模的不断扩大、业务增加以及战略调整，企业可能就需要重新设计组织结构或者是对职位进行重新设计。因此，工作说明书在制定之后，还要在一定的时间内，有必要给予一定程度的修正和补充，以便与公司的实际发展状况保持同步。企业组织系统内出现职位增加、撤销，岗位的某项工作职责和内容有变动，甚至于每一次工作信息的变动，都应该要求及时记录在案，并迅速反映到岗位工作说明书的调整之中。在遇到工作说明书要加以调整的情况下，一般由岗位所在部门的负责人，向人力资源部提出申请，并填写标准的工作说明书修改表，由人力资源部门进行信息收集，并对职位说明书做出相应的修改。

（六）对特殊岗位编写弹性职位说明书

随着全球企业间竞争加剧，部分行业的工作任务的分配将越来越灵活，层级将会减少。组织结构的扁平化趋势，使得团队成为企业组织结构的基本单位。团队中

---

① 彭剑锋：《人力资源管理概论》（第三版）复旦大学出版社，2018

的成员没有清晰的职责划分，而是共同协作，共同为组织绩效负责，企业绩效评价也将以团队或工作单元的成果作为考核的标准，由此衍生了弹性职位说明书。弹性职位说明书一般只规定职位工作任务的性质，以及任职者所需的能力、技术、知识、经验等，而不再详细确定任职者的责任范围，因此能够较好满足团队"无边界工作""无边界组织"特征的需求。显然，弹性职位说明书可以更好地在组织工作方向发生变化时保持其灵活性和适应性。[①]

（七）编制出工作分析的管理制度

工作说明书在管理上被称为抽屉文件，是用来指导工作的。有的企业工作说明书自被审批通过的那一日起，就被真正地遗忘在抽屉里了，甚至几年也没有进行过修改。解决这一问题的方法就是在编制工作说明书时，同时编制出工作分析的管理制度，包括：如何使用工作说明书、什么时候进行修订、修订的流程是什么等，并定期检查各部门是否按制度执行。

案例：梅赛德斯-奔驰公司在20世纪90年代末在亚拉巴马州创建新工厂。企业获得了"从零做起"的机会，设计21世纪的汽车制造体系。这个体系是"精简生产体系"的前身，生产线每一部分都实行即时生产，存货数量几乎为零。这个新的体系组织员工成为一个工作团队，强调所有的员工都必须投入到持续改善中。相应地，公司的工作描述相对简单和标准化，只有相对较少的不同的职位描述或岗位名称，这种简化了覆盖面更广的职位描述使得员工在一个团队转岗变得相对容易，企业并且鼓励员工要超越他们自身的工作，找到改善工作的新的运营方式。

六、工作说明书编写中可能遇到的问题

（一）审批人签字的程序效率低

工作说明书在编写过程中需要审批人进行层层签字。在工作说明书审批人签字的过程中有严格的程序。一般先是岗位主管部门审批签字，然后是人力资源经理审批签字，最后是企业更高层领导审批签字。在实际工作中，工作说明书审批人签字的程序效率低，导致大批工作需要重新做，降低了工作的效率。

（二）签字人与起草人的姓名不同，或者出现错别字

工作说明书在一定程度上是具有法律效应的，要严格按照规定进行书写。工

---

① 李佳砾：《工作分析向何处去?》《人力资源·HR经理人》，2006（6）

说明书中的签字人与起草人的姓名不同,或者出现错别字,都会给未来的工作带来不必要的纠纷。

(三) 工作说明书的内容不够完善和标准

在对工作说明书进行审核时,有的部门的工作说明书存在漏项、少项的问题,造成工作说明书内容上的缺失。这是在编制工作说明书时较为严重的疏忽。在工作说明书编写的过程中应该尽量避免这样的错误。

(四) 个别部门工作说明书的岗位职责和任职资格重叠

在进行工作说明书审核时,我们发现许多部门不同岗位的岗位职责出现雷同,甚至任职资格也完全相同。这是严重违反工作说明书编写要求的,从这点上可以看出编写工作说明书的人员的工作态度存在一定的问题,还可以看出有些部门并没有认识到工作说明书的重要性。在编写工作说明书的过程中,必须纠正此类问题并避免以后类似问题的发生。

(五) 各级管理者和员工的投入不够

各级管理者和员工的投入不够会导致岗位描述效果打折扣甚至完全没有效果;使得很多企业由于缺乏标准的工作说明书而付出很大的代价;使得人力资源工作缺乏针对性而难以开展。

(六) 岗位描述中的很多技术问题难以解决

岗位描述中的技术问题包括以下几个方面。

(1) 概括每一个岗位的职责要点或描述岗位设置的目的,使得岗位相关人员能够快速了解岗位的概况。

(2) 岗位职责要描述到什么程度,是每一个小的任务都写进工作说明书,还是仅列出岗位职责的条目。

(3) 各个岗位的权限如何进行界定。

(4) 如何确保权责匹配,同时又能与企业文化、不同任职者的能力素质等相匹配。

(5) 任职要求如何界定。

(6) 岗位描述要为今后的招聘、培训等工作提供基础信息,如果目前任职者的能力不是很理想,怎样描述才能够平衡现有任职者的能力、理想的任职能力和可以获取的人才的能力三方面的关系。

(7) 是否要把每个岗位的工作条件都描述出来。

七、工作说明书的应用

工作说明书在人力资源管理的各个方面都有着广泛的应用,它是人力资源管理活动的基本依据。

(一)人力资源规划

人力资源规划是企业发展战略的重要组成部分,也是企业各项人力资源管理工作的依据,而工作分析是人力资源管理中一项重要的常规性技术,是整个人力资源管理工作的基础,两者密不可分。工作分析结果将直接运用于人力资源规划的整个过程。组织要保证人力资源的储备能够满足组织不断成长的要求,工作说明书提供的信息中包括工作的任务有哪些,以及具备什么样条件的人才能完成这些任务,这实际上决定了需要招聘和雇用什么样的人来从事此种工作,从而也就确定了招聘甄选计划和甄选条件。因此,可以根据公司的总体设计计划、公司各部门的需求以及工作分析的结果来确定所需要的人员配备及组织内已有的人力资源状况。如果两者都相互匹配,则无须外部招聘,只需做好内部人力资源调配工作;如果两者相互不匹配,则需确定要招聘的岗位,根据该岗位的工作说明书要求进行招聘工作。

(二)招聘与录用

企业招聘的最终目的是寻找和获取合格的工作候选人,任职规范是成功招聘的基础。如果企业人力资源部门对所要招聘的岗位工作职责不清、任职规范要求模糊,招聘工作将难以获得成功。岗位说明书界定了不同工作的任职规范,规定了符合工作要求的人员录用标准,可以客观、公正地评价求职人员,从而使甄选录用工作科学化、正规化,从源头上对工作绩效的影响因素进行控制。

(三)绩效管理

绩效管理的过程就是将员工的实际工作绩效同要求其达到的工作绩效标准进行对比的过程。而员工应当达到何种绩效标准,以及需要完成哪些特定活动都需要通过工作分析来确定。根据岗位说明书提供的关于某一项工作的具体内容,制定出符合组织要求的绩效标准,再根据这些标准对员工工作的有效性进行客观评价和考核。

(四)薪酬管理

岗位评价是企业薪酬政策的基本依据,为整个薪酬体系提供支撑性资料,是建立健全企业薪酬体系的关键所在。因为岗位评价是根据工作分析的结果按照一定的标准，对工作的性质、强度、责任、复杂性以及所需要的任职规范等因素的差异程度进行综合评估的活动。它的内容主要包括工作的任务和职责、完成工作任务所需要的技能、工作对企业整体目标实现的相对贡献大小、工作的环境和风险等，这些内容恰恰是工作分析所提供的信息。从这一意义上说，一个系统而科学的工作分析过程是薪酬体系建设的必由之路。没有标准的岗位说明书提供的标准化的工作信息，要想在组织中，尤其是在规模庞大、层级关系复杂的组织中进行职位评价，简直是不可想象的。

（五）岗位优化

岗位优化就是为了有效地实践企业目标，提高工作绩效，对工作内容、工作职责、工作关系等有关方面进行变革和设计。通过工作分析，可以对工作内容工作职责工作关系，工作流程、工作环境和条件等各方面进行系统的审视，通过改进不合理之处来提高员工的工作满意度和工作效率。而且利用工作分析提供的信息，可以对工作所要完成的具体任务及采用的方法进行重新确认，有助于组织通过工作的丰富化和工作的扩大化来对工作进行再设计，使得人与工作能够更好地匹配。

（六）员工晋升与开发

人力资源管理中一项非常重要的工作是人力资源开发，就是通过一些有效的措施使员工的素质和积极性得到提高，最大程度地发挥员工的潜能，为企业做出更大贡献。工作分析有助于我们根据组织与个人情况判断一个人是否适合一项工作，在不需要培训的情况下，可以为员工提供不同的工作机会，提高人与工作的适应性，使每一个员工在既能胜任又符合自己特点的工作中发挥作用。另外，企业应该根据岗位说明书为员工制定晋升、流动的路径图，作为规范化管理的一个基础文件，让每一位员工都清楚只要具备什么样的条件就能升到什么岗位或几年才能达到什么岗位的条件。

（七）员工培训

对员工进行培训是为了满足岗位职务的需要。根据岗位说明书的具体要求，可以有针对性地对具有一定文化素质的员工进行岗位专业知识和实际技能的培训，完备上岗任职规范，提高员工胜任本岗本职工作的能力；也可以对一些任职条件不足，但其他方面优秀、符合公司紧急要求的员工进行教育和培训，提升其本身的素质，最后使其达到岗位说明书的任职要求；岗位说明书也可以作为新员工的入职培训的教材。

八、工作说明书的发展趋势

随着外部竞争日趋激烈，很多企业都在改变传统的工作方式，进行以客户为导向的工作流程的改造和重组。在这一浪潮的冲击下，传统的以"命令—执行"为特征的工作方式正转变为以"服务"为特征的工作方式。在这种工作方式中，企业内部的每一个岗位都以服务者和被服务者的双重身份出现，既需要接受上游岗位的工作输入，又要对下游岗位进行工作输入，工作的链条关系越来越重要。为了反映这种关系，结合工作流程编写"履行的职责"已成为一个趋势。

结合工作流程编写"履行的职责"就是在搞清楚工作链相互关系的基础上，在描述职责的任务时加入对象状语，也就是说要加入工作输入和工作输出。结合工作流程的描述，可以将"履行的职责"提炼成下面的格式："输入的对象和内容＋动词＋宾语＋输出的对象和内容＋目的状语"。例如，招聘主管拟定招聘计划的职责时，结合工作流程可以这样描述："接受各部门的招聘需求信息，拟订招聘计划，提交给经理审批，以保证招聘工作的顺利进行"。

另外，企业也越来越重视任职资格，尤其是其中的能力和素质要求，以"素质模型"为主要标志的新的招聘标准正在逐步形成。这是因为在新的经济条件下，人的因素已经变得越来越重要，拥有优秀的员工已成为企业成功的关键，为了招聘到合格的人员，必须对任职资格做出详细的规定，因此任职资格变得越来越重要。

第二节 编写工作规范

一、工作规范的主要内容

工作规范（Job Specifications）又称为任职资格，是指为了完成某项特定工作所必须具备的知识、技能、能力以及其他的一些个性特征（knowledge，skill，ability，other personalities，简称 KSAOs）的目录清单。此处的知识是指为了完成某项工作而必须掌握的各种实施性或程序性的信息；技能是指一个人在完成某项特定工作时所具备的熟练程度；能力是指一个人具有的比较具有通用性的而且比较持久的才能；而其他个性特征是指某个人为达到某个目标而具有的动力和持力等一些人格特征。① 工作规范可理解为以工作说明书的内容为依据来回答这样一个问题，那就是："要做好这项工，职位承担者必须具备什么样的特点和经验？"由此获得担任此职务的人员应具备的基本资格和条件。需要指出的是，工作规范的内容应与岗位的职责相对应，主要列出工作人员为完成工作，所需要的知识、技术、能力及所应具备的最低条件，主要用以指导如何招聘和录用人员。区别于工作描述是对职位本身的内涵和外延加以规范，工作规范是对人的要求。有的企业将工作规范以单独的文本放在工作说明书之后，有的企业将这部分内容列示在工作说明书中。

工作规范中对任职者的任职资格要求可分为显性任职资格和隐性任职资格两大类。显性任职资格主要有四部分，含正式教育程度、工作经验、工作技能和职业培训。隐性任职资格指承担工作者所需要的内在能力和素质要求。

（一）显性任职资格

正式教育程度。有两种度量方法，一种是用完成正规教育的年限和专业教育的年限加以界定；一种是任职者实际达到的教育程度水平与职业培训来进行确定。实际操作中，企业多以明确列示该岗位最低学历要求，有关理论知识和技术的最低要求（例如，使用机器设备的操作方法、工艺流程、材料性能、安全知识、管理知识和技能等），对有关的政策、法令、规定或文件的了解和掌握程度等。核心岗位或行业/专业性要求极强的岗位要明确规定业务范围，如财务人员必须是会计专业，播音员可以是新闻学、传播学、媒体创意等专业。

工作经验。工作经验是指社会工作经验、工龄、公司内部职业生涯等。具体是指任职者从事该职位之前，应具有的最起码的工作经验要求。一般包括两方面，一是专业经历要求，即相关的知识经验背景；另一个是任职者应具有的工作年限，从事低一级岗位的经历以及从事过与之相关的岗位工作经历。有些企业针对组织中的一些中、高层管理职位还有在本组织内部的工作经历要求。

工作技能。是指与工作相关工具、技术和方法的运用能力。例如，某企业秘书的工作规范里列出"文字处理速度为每分钟不低于40字，50至80字最为理想。精通英语语法、标点、拼写和单词的用法"。这类信息在招聘和甄选时就非常有价值。工作技能的职位差异性大，在进行一般职位的工作规范分析时，往往关注对所有职位均通用的技能，如计算机技能、外语技能、公文处理技能等基本技能。

职业培训。指作为该职位一般任职者在具备了教育水平、工作经验、工作技能之后，还必须经过哪些培训，包括每年培训种类、培训方式和培训时间等。特殊岗位还需要列示出上岗证资格要求。现代的培训体系在设计培训方式、内容以及培训

---

① Raymond A. Noe：*Human Resource Management* China Renmin University Press，2006

时间的时候，往往都是针对不同的岗位层级展开设计的。比如，针对基础岗位的岗位知识与技能培训、企业的基础技术与产品知识培训；针对中层管理人员的管理技能培训；针对中高层管理人员的经营管理理念培训。因此，在确定某一职位的培训内容时，往往可以根据其在组织中所处的岗位层级，来确定需要进行什么层次的培训。

此外，部分岗位还在显性任职资格中列出年龄、性别、身体健康状况以及身高、力量等其他身体素质方面的生理要求。

（二）隐性任职资格

隐性任职资格是确定职业能力要求的基础，主要来自企业整体能力模型和分层分类的能力体系的建立，包括员工的心理素质和职业道德等内容。具体包括分析判断能力、心理承受力、公关能力、思维灵活性、主动性、适应性、学习能力、创新能力、协调能力、监督控制能力、决策能力、组织能力、沟通能力、进取心、团队合作能力、性格、气质和诚信、公正、敬业等职业道德要求。

二、工作规范的作用

工作规范是进行招聘甄选和人员培训与开发的重要依据。具体作用体现在以下几个方面：

（一）工作规范对招聘的作用

在组织招聘的过程中参考任职资格，可以从各个方面对应聘者进行评价，有效地避免招聘的随意性与不确定性，塑造公平的招聘环境。与此同时也可以通过资格标准，有目的地选择符合组织发展需要的人才。

（二）工作规范对培训的作用

工作规范可以指引员工与组织一同发展。人力资源中心或各部门在进行培训需求分析时可以参照任职资格体系中的知识、能力、技能等要求，有针对性地设计培训内容；同时员工也会以任职资格作为标准和导向，通过自主学习提高自己的知识与技能。

（三）工作规范对考核的作用

工作规范中基于知识与能力的业绩评价标准直接反映员工的绩效差别，并且业绩评价标准可以分解到岗位关键绩效指标，即通过对员工知识、能力的评价间接对其进行考核，使岗位任职资格评价作为整体考核管理系统的一个重要组成部分。

（四）工作规范对工作评价以及薪酬体系建立的作用

通过建立任职资格体系，与岗位评估相结合，完善薪酬管理制度，使薪酬与知识能力紧密结合，促使员工努力提高现有知识与能力水平，在组织内部建立良好的氛围，形成学习型组织。

（五）员工职业发展

在员工的晋升通道上，通过对资历、岗位职责、知识、能力素质、业绩评价标准的详细描述明确各岗位任职资格的实际要求为员工的职业发展提供指导。

三、工作规范的编写原则

除了工作描述，工作规范是岗位说明书的另一重要组成部分。在学习如何编写工作规范之前，我们有必要首先明确一下编写工作规范必须遵守的几项原则：

（1）必须遵循工作分析的岗位原则，即工作分析关注工作或者岗位本身而非任职者本身。例如："能够经常举起50千克以上的事物"而非是"必须很强壮"。要以工作为依据，制定切实的任职资格，即列出的任何资格条件必须与工作有关。

（2）工作规范要符合法律条文，严禁种族、宗教、性别、年龄、身体残疾方面的歧视。

（3）切忌工作规范是对任职者的要求，而非对现有岗位人员的要求。

（4）一般所列出的任职资格是履行工作职责的最低要求，即必备资格（junior requirements），它是雇佣的最低标准。为了顺应工作说明书的新的发展趋势，我们也可以遵循"适度偏高"原则，在必备资格的基础上，列出期望具备的资格或者任职者能够出色胜任本岗位的资格即期望资格（senior requirements），这样有利于为任职者的发展提供牵引和导向。

四、工作规范的推导方法分类

常见的工作规范写作方法有以下几种：

（一）以工作为导向推导法和以人员为导向推导法

按分析的导向划分，可分为以工作为导向的工作规范推导方法和以人员为导向的工作规范推导方法。

以工作为导向的任职资格推导方法，是从企业的战略目标、工作本身的职责、

任务出发，分析完成企业的战略目标和具体的工作职责任务需要任职者具备什么条件。企业内各岗位的工作内容和职责不同，对岗位上任职者的知识、技能、经验和特质要求也有差异。同样的职位，同样的工作内容，在不同的企业所需要的关键胜任能力也是有差异的。写好"任职资格"的重点和难点是如何准确的分析出某职位的核心、关键任职能力。这需要工作分析人员，依据企业工作说明书，从工作本身出发，与从业者及其主管积极沟通、探讨，获得一手素质特征。再参考企业事先已构建的人员素质清单，先繁后简，将普通描述转化为系统化、规范化、有针对性的任职资格语言。随着工作内容和工作职责的变化，任职资格的内容也要力求创新、动态调整。

以人员为导向的任职资格推导方法，是从导致任职者获得成功的关键行为或花费大量时间的高频率工作行为出发，分析任职者在从事这样的行为过程中需要具备什么样的素质特点。然后，将过程的素质要求与事先构造的素质清单进行对比，将其转化为系统化、规范化的任职资格语言。

（二）以受过训练者为对象推导法和未受过训练者为对象推导法

按分析对象划分，可分为受过训练者为对象的工作规范推导方法和未受过训练者为对象的工作规范推导方法。

受过训练者为对象的工作规范，工作规范可能主要集中在任职者以往的工作经历、相关培训经历等内容，由此确定任职人员素质的要求就不是一件很困难的事情。

相比之下，寻找未受过训练者为对象的工作规范内容就要困难一些，需要明确哪些特征能够说明求职者具备完成该项工作的潜力或具备接受工作培训的潜力，如身体特点、个性、兴趣或感知技能等。对一些正在开拓国际市场的中国企业而言，在工作规范的描述中还要注意区别对待不同国籍员工的国情，考虑所在国文化背景和当地劳工法律等因素，根据遇到的新情况和新问题，不断补充和改进。

（三）以主观判断为基础的推导法、以统计分析为基础的推导法和以定量化职位分析为基础的推导法

按推导方法的技术特点划分，可分为主观判断为基础的工作规范方法、以统计分析为基础的工作规范方法和以定量化职位分析为基础的工作规范方法。

主观判断为基础的工作规范，通常通过主管、人力资源管理人员回答"要做好这一项工作，工作承担者需要具备的受教育程度、智力水平和接受的培训是什么？"回答这样的问题主要是获取对人员要求方面的信息，目的是确定哪些个人特征或人员素质的要求能有效地预测求职者是否适合做该项工作。例如，提出创建性的解决办法，应对难相处的情绪化客户。实际操作中可参考网络版工作说明书。编写者可浏览职业信息网站，选择相关职位，其典型工作说明书会列示相关的人员教育和其

他经验技能等方面素质要求。我国有的行业已经编写出核心能力词典，这些是可以借鉴的。当然，企业在建立任职资格等级标准的过程中可参考网络版工作说明书或者一些行业领先企业、规模比较大的企业的资格等级标准，但需要根据自己的实际情况进行"二次开发"，在确保工作任务准确定义前提下对人员要求进行常识判断，使任职资格标准符合企业实际情况。

以统计分析为基础的工作规范多用于与绩效水平相关的部分个人特征确定上。其具体的方法是首先对工作进行分析并确定如何对工作进行绩效评价；其次挑选出能够作用于绩效水平的个人特征，如手指灵活度；然后测试工作候选人的这些特征以及衡量候选人的工作绩效，最后对人员特征与工作绩效之间的关系进行统计分析。如果在工作规范中存在以性别、种族、宗教、国籍或年龄为筛选依据的直接或间接歧视，这些维度上的人员要求必须要有统计上的效度分析支持，用证据证明这些筛选确实能够反映出绩效差别。由于相关分析需要大样本，往往无法针对某一职位单独采用，可用于建立企业各职位所共同需要的任职资格要素以及某一职位簇所需要的任职资格要素。

以定量化职位分析为基础的工作规范方法，是一种介于主观判断与统计推断方法两者之间的一种技术。它并不对所测职位的工作绩效与素质要求的相关性进行数据分析，而是依赖于定量化问卷所测该职位的工作维度得分，根据已建立的各维度与素质之间的相关性，来判断该职位需要什么样的素质。

五、基于胜任力的工作分析（competency－based job analysis）

在高绩效环境中，企业需要员工无障碍地在工作间轮换并进行自我控制。基于详细具体工作的工作说明书可能抑制企业所需要的具有弹性的行为。企业开始用新的方法来描述工作规范，基于胜任力分析是新方法的一种。基于胜任力的工作分析意味着运用员工完成工作所需要具备的可衡量、可观察的胜任力描述工作，这与传统通过职责描述获取人员要求的工作分析方法形成对比。

（一）关键胜任能力因素

胜任力（competencies）是能够产生高绩效的可证明的个人特征，包括知识、技能、自我概念、个性特征和动机等。具体指工作者各种素质有机结合所产生的能力，表现为人凭借自己的道德品质素质、个性心理素质、身体与年龄素质，把知识和经验有机结合起来具体运用于工作的能力，它随着工作环境的发展而变化，具有动态性。胜任力可通过完成以下句子来确定："为了胜任该工作，员工应该能够……"

胜任力包括行为胜任力，知觉胜任力，情感胜任力，思维胜任力等。行为胜任力指在不确定和风险条件下的主动性和承担责任的能力，包括寻求机会，对目标的承诺，决策，组织设置等。知觉胜任力指收集和组织信息，把握不同的组织子系统前景的能力。情感胜任力指理解他人，解决持不同观点的管理者之间冲突的能力，包括影响和领导他人，与他人一起工作，帮助和授权等。思维胜任力指组织系统管理的能力，包括计划、尝试新想法，创造思考和行动的新途径，产生替代方案，定量材料分析、设计实验、检验理论和观点，构建概念模型等。

对于许多工作来说，具体可见、可以衡量的技能是至关重要的，认知能力、工作风格、人际效能力等胜任力因素虽然不像具体的技术技能那样容易测量，但可能会对工作成功起到更大的作用。在编制工作规范时，有必要分别指出哪些能力对于完成这一工作是必要的，哪些能力是在未来的工作中取得成功的关键因素。这样，在一些工作规范中就将必备的任职资格和理想的任职资格两部分区分开来，必备资格条件包括从事该工作至少要达到的教育水平、工作经历、技术技能和个人特点，在甄选过程中，不具备必备资格条件的应聘者将被淘汰。理想的任职资格并不是最低要求，它是对符合必备任职资格条件的员工的额外要求，是帮助该员工在工作上成功的重要条件。理想任职资格条件中的一些关键胜任能力因素，包括能有效地预测工作绩效、与人们的工作绩效有直接因果关系的系列能力、个性、工作风格等因素。

（二）胜任特征分析

岗位胜任特征分析基本上可以概括为发现胜任特征、界定胜任特征和评估胜任特征水平等几个步骤。①

（1）发现胜任特征。为了找到这些胜任特征，一方面，可以从现有的资料中进行查询，有些岗位分类的资料中会显示出常见岗位的一些关键胜任特征，其他公司关于同类岗位的胜任特征界定也可以作为参考；另一方面，也是更重要的方法就是运用关键事件的方法。所谓关键事件方法，也就是通过对岗位典型的成功事例和失败事例进行分析，得到导致成功或失败的原因，这些原因往往就是关键胜任特征。关键事件法通常是通过与任职者与任职者的主管进行访谈来获得的。

（2）界定胜任特征。从人选职者和任职者主管那里获得的有关关键胜任特征的信息通常是比较散乱的，需要进行归纳。对关键胜任特征的界定通常要包括该胜任力的定义和行为描述，有时还要将行为描述划分成几个等级。

（3）评估胜任特征水平。在上述基础，可以通过相关的图形对胜任能力水平进

---

① 劳动和社会保障部，中国就业培训指导技术中心：《企业人力资源管理人员（下册）》中国劳动社会保障出版社，2002

行界定,以得到招聘的依据。

第三节 不同岗位工作说明书范例

范例1:某企业人力资源经理工作说明书。

一、基本信息	
工作名称:人力资源经理 所在部门:人力资源部 薪资等级:6—10 编写人:××× 编写日期:×年×月	直接上级:副总经理 工作地点:×××× 岗位编号:××—××× 批准人:×××

二、工作综述(设置该工作的目的)
制定和推行公司的各项人力资源政策、制度,以吸引、激励、保留、开发公司人力资源,促进公司近、中期经营目标的达成和长远发展

三、工作关系
直接上级:分管的副总经理。 直接下级:人力资源部副经理、人力资源部经理助理、招聘经理、培训经理、人力资源咨询顾问、员工配置管理员、劳动关系管理员、绩效管理员、培训管理员、薪酬福利管理员等。 平行协调:总经理办公室主任、后勤事务部经理、财务部经理、销售部经理、生产部经理和技术部经理(具体可见公司组织机构图)

四、工作职责
本职:制定人力资源的战略规划,并监督执行,负责建立畅通的沟通渠道和有效的激励机制,全面负责人力资源部门的工作。 职责与任务: 职责一 职责表述:制定公司人力资源的战略规划。 工作任务:根据公司发展战略,组织制定人力资源战略规划。参与公司重大人事决策。定期组织收集有关人事。招聘。培训、考核。薪酬等方面的信息,为公司重大人事决策提供信息支持。定期组织收集员工想法和建议。 职责二 职责表述:督促公司人力资源战略的执行。 工作任务:根据公司的情况,组织制定公司招聘制度、培训制度、薪酬考核制度、人事档案管理制度、员工手册等规章制度、实施细则和工作程序,并组织实施。负责工作分析、岗位说明书与定岗定编工作,提出机构设置和岗位职责设计方案,对公司组织结构设计提出改进方案。 职责三 职责表述:负责建立畅通的沟通渠道和有效的激励机制。 工作任务:负责建立公司、子公司内部畅通的沟通渠道,及时了解员工意见和想法。积极听取和采纳员工合理化建议,并反馈给相关部门。受理员工投诉,调查后落实相关部门解决。负责建立有效的激励机制,充分发挥员工的积极性和创造性。 职责四 职责表述:全面负责人力资源部门的工作。 工作任务:组织制定公司年度人力资源需求计划。组织人员招聘过程,通过多种渠道为公司寻求合适的人才。组织制定公司培训计划,组织人员参加培训,评估培训效果。负责组织公司员工的考核,处理员工针对考核结果的申诉。依据公司工资总额,编制公司年度薪资调整方案,审核公司员工每月的薪酬。负责处理各种与劳动合同相关的事宜。

职责五
职责表述：内部组织管理。
工作任务：负责将部门工作计划分解到个人，并监督计划完成情况。评价考核下属员工工作完成状况。控制部门预算的使用情况。
职责六
职责表述：其他工作。
工作任务：负责对公司部门工作的考核。负责公司人力资源信息的上传下达工作。代表公司与政府及其他单位对口部门沟通、协调

五、工作权限（职位范围）
直接下属人数：X，其中：管理人员 A，专业人员 B，其他 C
间接下属人数：Y
控制的预算额：工资预算_____ 培训预算_____ 招聘预算_____ 部门预算_____
工作环境：   其他：

六、基本任职素质要求
学历：大学本科学历，人力资源管理或相关专业
计算机操作：熟练使用 MS-Office、IE 及 HR 应用软件
外语水平：听、写、读、说熟练
专门知识/技能：熟悉各项人力资源操作技术
经验：从事人力资源管理 X 年以上，任管理职位 X 年以上
能力：分析概括能力，领导能力，影响能力
态度：诚信；品质：毅力；价值观：团队精神

范例 2：岗位（工作）说明书（一般示例）。

一、基本信息								
1-1	职务名称		1-2	编号		1-3	所属部门	
1-4	职务等级		1-5	工资等级		1-6	所辖人员	
1-7	定员人数		1-8	岗位性质		1-9	编写日期	
二、工作描述								
2-1 工作概述								
2-2 工作内容								
2-3 工作职责								
2-4 权限范围（工作权限、费用权限、人事权限）								
2-5 工作结果								
2-6 工作设备								
2-7 工作环境（场所、危险性、职业病、时间特征、均衡性、舒适程度、社会环境）								
2-8 工作关系								
2-9 绩效标准								

2—10 职业发展路径	
三、任职资格	
3—1 教育水平	
3—2 先期培训	
3—3 工作经验	
3—4 能力（技能）	
3—5 兴趣爱好	
3—6 个性特征	
3—7 性别及年龄	
3—8 体能要求	

编写：_____ 初审：_____ 审核：_____

范例3：某外企人力资源经理工作说明书。

工作标识		编写日期：	
单位名称：×××有限责任公司	部门：人力资源部		
工作名称：人力资源经理	任职者：×××	编写者：×××	
上级职位名称：人力资源总监	监督者：×××	批准者：×××	
工作概述（职位存在的原因、职责范围、目标） 在符合公司人力资源战略以及满足公司人力资源部的人事经费预算的前提下指导和管理人力资源规划和人力资源管理流程的设计和执行			
财务性指标 销售任务：无 对公司的财务影响 人事预算：20000美元 财务权限：单笔小于500美元的费用	非财务性指标 组织人数：6000 下级人数 直接下级：3 间接下级：10 经理：3 主管：3 员工：7		

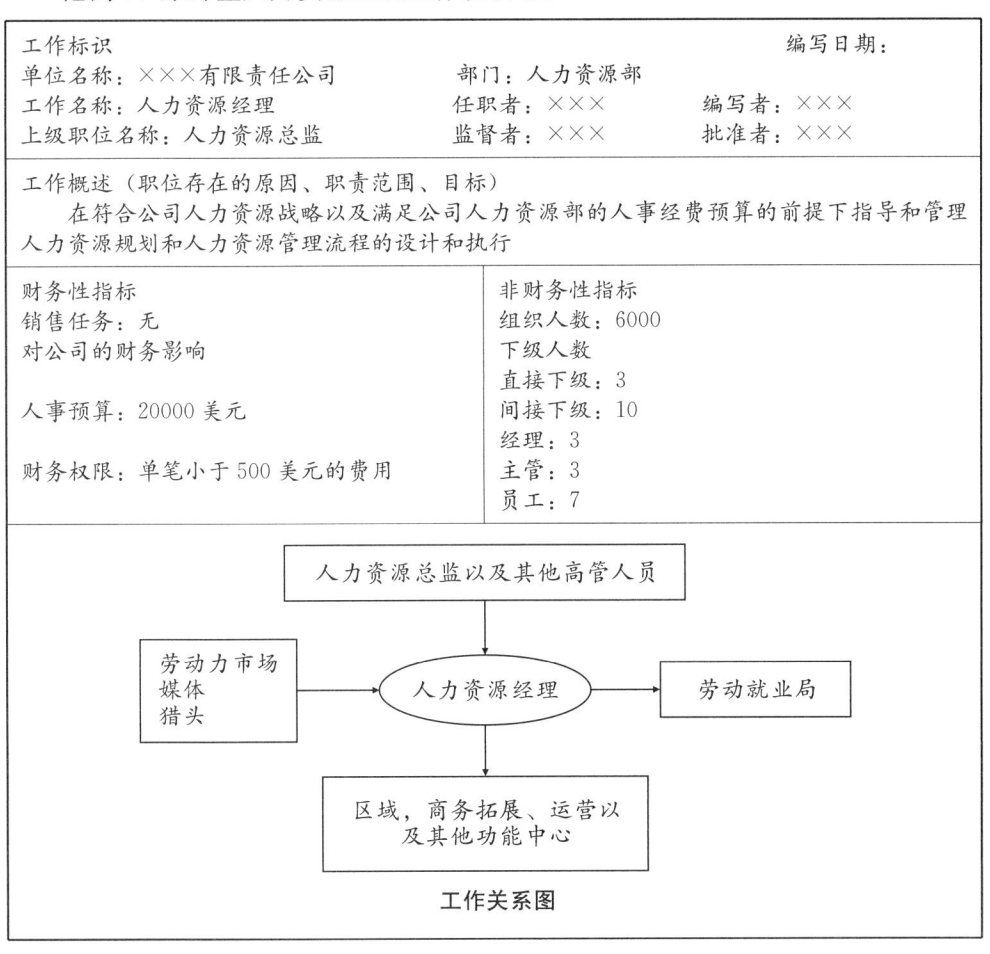

工作关系图

工作分析

最低要求	
教育	学习领域：人力资源管理
	学位类型：学士或硕士
经历	类型及年限：从事人力资源管理10年以上，任管理职位5年以上
知识	语言：中文和英文的书面和口头交流技能
	特殊技能：具有组织心理学，特别是人事组织心理学相关知识
商业理解	对组织的人事需要、就业趋势有很好的理解，能预测人事需求独特的资格条件（该条件为非必备条件，要求有从事工作所需的CPA、MCSE等独特的资格条件）

范例4：某企业"招聘专员"工作描述。

一、工作标识
职务名称：招聘专员　　　　　　所属部门：人力资源部
职务代码：×××　　　　　　　　工资等级：×××
直接上级职务：人力资源部经理

二、工作目的
为企业招聘优秀、适合的人才

三、工作要点
1. 制订和执行企业的招聘计划
2. 制订、完善和监督执行企业的招聘制度
3. 安排应聘人员的面试工作

四、工作要求
认真负责、有计划性、热情周到

五、工作责任
1. 根据企业发展情况、提出人员招聘计划
2. 执行企业招聘计划
3. 制订、完善和监督执行企业的招聘制度
4. 制订招聘工作流程
5. 安排应聘人员的面试工作
6. 应聘人员的材料管理
7. 应聘人员材料、证件的鉴别
8. 负责建立企业人才数据库
9. 完成直属上司交办的所有工作任务

六、衡量标准
1. 上交的报表和报告的时效性和建设性
2. 工作档案的完整性
3. 应聘人员材料的完整性

七、工作难点
提供详尽的工作报告

八、工作禁忌
工作粗心，不能有效地向应聘者介绍企业的情况

九、职业发展道路
招聘经理、人力资源部经理

十、任职资格
1. 工作经验：3年以上大型企业工作经验
2. 专业背景要求：曾从事人事招聘工作2年以上
3. 学历要求：本科，大专以上需从事专业3年以上
4. 年龄要求：25岁以上
5. 个人素质：独立工作能力强，工作认真，责任心强，善于表达，积极热情；英文四级，熟练使用MS-Office软件

范例 5：某企业"招聘专员"工作规范。

一、生理要求
年龄：23 岁至 35 岁　　　　性别：不限
身高：女性：1.55m～1.70m　　男性：1.60m～1.85m
体重：与身高成比例，在合理的范围内均可
听力：正常　　　视力：矫正视力正常
健康状况：无残疾、无传染病
外貌：无畸形，出众更加
声音：普通话发音标准、语音和语速正常

二、知识和技能要求
1. 学历要求：本科及以上
2. 工作经验：X 年以上大型企业工作经验
3. 专业背景：从事人力资源招聘工作 X 年以上
4. 英文水平：达到国家英语四级水平
5. 计算机水平：熟练使用 Windows 和 MS－Office 系列

三、特殊才能要求
1. 语言表达能力：能够准确、清晰、生动地向应聘者介绍企业情况；并准确、巧妙地解答应聘者提出的各种问题
2. 文字表述能力：能够准确、快速地将希望表达的内容用文字表述出来，对文字描述很敏感。
3. 观察能力：能够很快地把握应聘者的心理
4. 处理事务能力：能够将多项并行的事务安排得井井有条

四、综合素质
1. 有良好的职业道德，能够保守企业人事秘密
2. 独立工作能力强，能够独立完成布置招聘会场、接待应聘人员、应聘者非智力因素评价等任务
3. 工作认真细心，能准确地把握同行业的招聘情况

五、其他要求
1. 随时能够准备出差
2. 假期一般不超过一个月

范例 6：客户服务部经理职位说明[①]。

职位名称：_____　　　职位编号：_____
部　　门：_____　　　直属上级：_____
下属岗位：_____　　　核实日期：_____

主要职责
1. 定期对客户进行调查，了解客户意见。
2. 紧急处理顾客投诉，做到让客户满意。
3. 编制客户投诉案件统计表和客户投诉案件登记追踪表。
4. 建立客户服务档案资料。
5. 合理调配内部人员，形成一个科学的、有层次的人员结构。
6. 制定部门员工教育、培训计划，培养、训练管理人员，为企业发展储备人才。
7. 编制部门年度预算计划，并督促其有效地执行。

岗位要求
1. 熟悉企业发展史、规模、经营方针和规章制度以及在同行业中的地位。

---

① 世界 500 强企业管理标准研究中心《工作分析与职位说明》中国社会科学出版社，2004

2. 熟悉企业生产、开发、销售、经营、政策、计划和服务项目。
3. 掌握现代管理理论知识和方法。
4. 熟悉目标市场的有关企业营销活动的法律法规，保证营销合法公正。
5. 熟悉本部职责、计划和工作重点。
6. 了解顾客购买行为知识。
7. 熟悉公司管理实务知识。
8. 熟悉客户投诉处理流程。
9. 精通客户意见的调查处理方法。

范例 7：物流管理员职位说明①。

职位名称：_____   职位编号：_____
部　　门：_____   直属上级：_____
下属岗位：_____   核实日期：_____

主要职责
1. 控制送货和仓储成本以符合公司目标。
2. 管理物流提供商以使货物送达目标客户手中并不断促进对客房的服务水平。
3. 保证日常操作顺畅有效。
4. 提供实时管理和作业报告，保持计算机系统和手工操作系统数据精确。
5. 保持实际存货 100% 精确。
6. 安置、组织并调动整个团队充分执行目标要求的任务。
7. 采取一定的预防措施，确保货物免受损失。
8. 指导组织仓储和分发活动。

岗位要求
1. 熟悉项目管理，生产作业管理和物流管理方面的知识与技能。
2. 具备一定仓管和送货经验。
3. 具备各种仓储费用核算的知识技能。
4. 具有一定的项目管理能力。
5. 有一定的英文交流能力。
6. 对运输方式及特征熟悉。
7. 有 3 年以上的物流管理经验。

范例 8：某企业电源监控部经理工作说明书。

职务名称	电源监控部经理	所属部门	销售公司	直接领导	销售公司总经理
定员人数	1人	辖员范围/人数	电源监控部	分析日期	
分析人				审核人	
工作目的：使本部门各项工作有效运转、为公司做好服务					
管理状态：受销售公司总经理的直接领导，直接领导本部门人员开展工作					

---

① 世界 500 强企业管理标准研究中心《工作分析与职位说明》中国社会科学出版社，2004

> 工作职责：
> 基本工作：1. 负责部门整体规划及建设
> 　　　　　2. 负责部门人力资源建设
> 　　　　　3. 负责部门人员工作的分配及安排
> 　　　　　4. 负责……
> 协作工作：协助销售公司总经理做好本部门与公司各部门的协调工作。
> 其他工作：完成领导交办的临时性任务
>
> 任职资格：1. 教育：本科以上学历……
> 　　　　　2. 经历：具有3年以上相关工作经验；
> 　　　　　3. 技能：熟悉国内先进的电源、空调、监控等项目的安装及维护；
> 　　　　　4. 能力：具有一定的组织协调沟通管理能力，运用正式或非正式方法，指导、辅助和培养下属，在复杂的环境中处理好与客户的关系。
> 　　　　　5. 权限：负责本部门人事权及部门报销票据的初审权

第四节　改进岗位工作设计

工作分析的中心任务是要为企业劳动人事管理提供依据，保证事（岗位）得其人、人（员工）尽其才，人事相宜。工作分析的结果——工作说明书和工作规范必须是以良好的岗位设计为基础，才能发挥其应有的作用，实现上述目标。因此，从工作分析的全过程来看，在岗位调查以后，如发现岗位设计不合理、存在严重缺陷时，应采用有效措施改进设计，使工作说明书、岗位规范等人事文件建立在科学的岗位工作设计的基础之上。于是，企业需要根据组织的发展状况和任务要求，把工作任务进行重新组合，设计成符合员工特点的职位，这样工作分析就进一步深化为工作设计的改进，工作轮换、工作扩大化和工作丰富化等技术就应运而生。

一、扩大工作范围，丰富工作内容

在现代化大生产的条件下，企业劳动分工越来越细，严密的分工与协作，虽然能够大幅度地提高劳动效率，促进生产的发展，但同时也带来一些问题，如劳动简单化、工作单调乏味、劳动者的情绪低落等等。针对这种情况，可采用以下措施：

（一）工作轮换

工作轮换（job rotation），是指职务级别不发生变化而工作岗位变化。通常是短期的，有时间界限的工作调换。

实践中，有两种类型的工作轮换：纵向的和横向的。纵向轮换指的是升职或降职。但我们一般谈及的工作轮换，都意味着水平方向上的多样变化，即横向轮换，指在不同的时间阶段，员工会在不同的岗位上进行工作。比如人力资源部门从事"招聘专员"工作和"薪酬专员"工作的员工可以在一年进行一次工作轮换。

工作轮换应当遵循以下原则：

（1）对于敏感或有高度机密性的岗位，不合适经常调动。

（2）一般，工作轮换首先同一个岗位类别开始，然后再考虑不同岗位类别之间的工作轮换。

（3）工作轮换必须有序进行，以免影响正常的工作秩序和工作效率。

（4）应充分考虑员工的个人意愿，不能进行强制性的工作轮换。因为有的员工并不一定喜欢过多地尝试新工作和适应新的环境，而是希望专注于一个领域发展。

（5）注意工作轮换地时间间隔。如果在过短时间内员工岗位变换频繁，对于员工心理带来的冲击远远大于工作新鲜感给其带来的工作热情。一般来说，员工在同一岗位上连续待5年以上，又没有得到晋升的机会，就可考虑工作轮换。如果一名员工一直在同一组织中工作，考虑其在晋升和工作轮换的总数在7~8次较为合适。

工作轮换的优点在于通过丰富员工工作的内容，减少员工的枯燥感，激发员工的工作积极性，提升员工的自身竞争力。而且，它可以为员工提供了一个个体行为适应总体工作的适宜环境，增加员工对自己的最终成果的认识。当然，它也能够给企业带来很大的益处。因为这种方法能够扩大员工的技能范围，当管理人员在安排工作和填补职位空缺时就具有了很大的灵活性。

工作轮换也存在一些不足之处：

首先，工作轮换会使培训费用上升。因为要使员工在不同以前的岗位上继续保持同样甚至更高的效率是需要企业对其进行多方面的培训和教育的。

其次，当员工在原先的岗位上工作效率已经很高时将其轮换到另一个工作岗位，势必会带来短期的人力资源浪费。

最后，员工在工作环境改变后需要重新适应，调整和适应自己与周围人的关系，这需要管理人员付出很多精力来处理来自人际关系方面的问题。

（二）工作扩大化

工作扩大化（job enlargement），包括横向扩大工作和纵向扩大工作。横向扩大工作可将属于分工很细的作业单位合并，由一人负责一道工序改为向个人共同负责几道工序；采用包干负责制，由一个人或一个小组负责一件完整的工作；降低流水线传动速度，延长加工周期，用多项操作代替单项操作等等。横向扩大化可以使员工有更多的工作可做。通常这种新工作同员工原先所做的工作非常相似。

纵向扩大工作可将经营管理人员的部分职能转由生产者承担，工作范围沿组织形式的方向垂直扩大。如生产工人参与计划制定，自行决定生产目标、作业程序、操作方法、检验衡量工作质量和数量，并进行经济核算；生产工人不但要承担一部分生产任务，还要参与产品试验、设计、工艺等项技术工作。

横向扩大工作和纵向扩大工作的区别在于前者增加员工职责任务但不增加权力，后者表现为企业部分权力下放，增加了员工自主权。

工作扩大化的具体方式有如下三种：

（1）延长工作周期。将若干分工很细、周期较短的岗位合并，由几名员工组成作业小组共同承担原来多个岗位的生产任务。

（2）增加岗位的工作内容。比如安排员工承担力所能及的设备维修、前期准备以及后期收尾的工作任务，改变过去辅助或服务工作由专门岗位负责的状况。又比如，一个服装厂工人的工作不仅像原来那样只负责为服装钉商标，还要负责检查服装的尺码是否准确，接缝处的针脚是否匀称，然后再为服装钉上纽扣和商标。

（3）包干负责制。增加岗位活动的范围，将原来几个不同性质的岗位归并在一起，由一个员工负责。例如，由一个员工负责装配、检验和包装等作业活动，完成任务后挂上署名标牌，以便由客户对装配包装的质量进行监督。

工作扩大化导致高效率，是因为不必要把产品从一个人手中传给另一个人而节约时间。此外，由于完成的是整个一个产品，而不是在一个大件上单单从事某一项工作，这样在心理上也可以得到安慰。该方法是通过增加某一工作的工作内容，使员工在工作内容增加，要求员工掌握更多的知识和技能，从而提高员工的工作效率。

工作扩大化的好处在于，可以提高产品质量，降低劳动成本提高员工的满意度，改善整个工作效率，生产管理也变得更加灵活。

但是，工作扩大化的努力所取得的成果远不尽如人意。工作扩大化试图避免过度专业化造成的缺乏多样性，但这种工作再设计方法只是简单地增加员工所从事的同类任务数目，并没有给员工的活动提供多少挑战性和意义。下面的描述也许很能说明问题的本质："以前，我只有一份烦人的工作。现在，因为工作扩大化，我有三份烦人的工作！"

（三）工作丰富化

工作丰富化（job enrichment）是对工作内容和责任层次的根本的改变，旨在向工人提供更具挑战性的工作。具体而言，在岗位现有工作的基础上，通过充实工作内容，使岗位工作多样，消除因从事单调工作而产生的枯燥厌倦感，从心理上满足员工的需要。为了使岗位工作丰富化，应考虑以下主要因素：第一，多样化，尽量使员工进行不同工序、设备的操作，实现"一专多能"；第二，任务的整体性，使员工了解其承担工作的任务与总任务之间的关系；第三，任务的意义，使员工明确本岗位任务完成的意义、作用；第四，自主权，员工自行设定目标，提高工作责任感；第五，反馈，员工可获得各种相关信息，特别是工作成果方面的信息。总之，工作丰富化能使员工有更多的实现个人成就和得到表扬、奖励的机会，从而达到既提高工效，又增强心理上满足感的目的。

实施工作丰富化可以来采取下列五种方式：

（1）任务组合：把现有零散的任务结合起来，形成范围较大的、内容丰富的工作单元，增加技能多样和任务完整性。

（2）建构自然性的工作单元，使员工能独立负责一个有意义的工作整体，而非仅仅看到工作整体中的一个环节。这样做能够使员工看到工作的成果，看到工作的意义和重要性。

（3）建立员工－客户关系。客户是指员工的工作产出（包括产品和服务）所服务的对象，即接受者。这些客户可能是外部客户，也可能是内部客户。当一个员工与客户建立直接的关系时，他们会从客户那里得到重要的反馈，同时也使他们感受到一种自主性。另外，与客户建立直接的关系也需要员工具备为客户服务的技能和人际交往技能。因此，建立员工－客户关系，有利于增加工作的技能多样性、自主性和反馈程度。

（4）纵向扩充工作内涵，使员工不仅要做执行性的工作，还要赋予员工一些原本属于上级管理者的职责与控制权，以此缩短工作的"执行层"与"控制层"之间的距离，并让员工感受到自己所承担的责任，增强工作自主性和任务重要性。

（5）开放反馈的渠道，使员工不仅能够知道自己的绩效，还可以知道自己在工作上是进步了、退步了还是没有变化。最理想的是让员工在工作中直接收到反馈，而非由上级间接转达，这可以增加自主性，减少被监督意识。

工作丰富化虽然意味着培训费用的增加、工资报酬的上升以及工作设施的完善或扩充，但却可以增加员工体验责任感、成就感和认同感的机会，提高了对员工的激励水平和员工的工作满意程度，进而对提高员工生产效率和产品质量以及降低员工离职率和缺勤率产生积极影响。

我们可以通过一个例子来更好地理解工作丰富化带来的好处。戴姆勒－克莱斯勒汽车公司的托莱多北部工厂对装配生产线上工人的工作实施了工作设计。该公司的发言人说："管理者的权力正在逐步下放，普通工人的权力正在加强。"该工厂的经理说："传统的装配生产线都是一人负责一个动作，我们已经废除了这种装配生产线。如今工人们都需要负责多个任务。"他还指出，与传统的生产线相比，这种新的"工作单元"需要更多的员工培训和发展。"我们已经保持了持续增长，员工参与自己'生产单元'的设计。"实施工作设计后，工人都是以 10 个人的工作团队进行工作，他们除了本职工作以外，还要学习其他团队的工作，这样有利于在需要时进行人员调配。此外改革后的工作设计可以防止因为重复动作使工人受到身体损伤。

但是，工作丰富化涉及改造工作本身的内容，所以比较复杂和困难，同时对于员工的要求很有所提高，工作丰富化的成效在一定程度上还取决于员工成就动机的高低。

需指出的是，工作扩大化和工作丰富化虽然都属于改进岗位设计的重要方法，但两者存在着明显的差异。前者是通过增加任务、扩大岗位任务结构，使完成任务的形式、手段发生变更；后者是为员工提供获得身心发展和成熟的机会，充实工作内容，促进岗位工作任务的完成。

二、工作满负荷

每个岗位的工作量应当饱满，使有效劳动时间得到充分利用，这是改进岗位设计的一项基本任务。每个生产工作岗位如果是低负荷，必然影响成本的降低，造成人力、物力和财力的浪费；如果超负荷，虽然能带来高效率，但这种效率不能长久维持，即影响员工的心理健康，又会给设备带来不必要的损害。在岗位分析中，应当重视对岗位任务量的分析，设计出先进合理的劳动定额和岗位定员。

三、劳动环境的优化

劳动环境是指劳动场所和工作地。劳动环境优化是指利用现代科学技术，改善劳动环境中的各种因素，使之适合于劳动者的生理心理安全健康，建立起人—机—环境的最优系统。

影响劳动环境的物质因素包括：①工作地的组织。工作地的组织目标是使工作地上的劳动者、劳动工具和劳动对象的关系做到优化组合，既方便工人操作，提高工效，又能保证环境安全卫生，使工人心情舒畅。②照明与色彩。适宜的照明和适度的色彩环境，给人以舒适感，促进员工劳动效率的提高。③设备、仪表和操纵器的配置。

影响劳动环境的自然因素包括：空气、温度、湿度、噪声以及厂区量化因素等。劳动环境优化涉及的范围很广、因素很多，只有综合利用生理学、心理学、人体工程学、环境学等多种学科知识，才能完成企业优化劳动环境的任务。

　　总之，企业可以利用工作分析提供的信息，根据组织发展需要，重新设计组织结构，重新界定工作，改进工作方法，改善设备，提高员工的参与程度，从而提高员工的积极性和责任感、满意度。进行工作再设计不仅要根据组织需要，并且要兼顾个人需要，重新认识并规定某项工作的任务、责任、权力及在组织中与其他工作的关系，并认定工作规范。

小结

　　1. 工作分析成果主要表现为工作描述和工作规范。工作描述主要说明工作的内容是什么，是关于工作执行者要做什么，如何做以及在什么条件下做的一种书面材料。工作规范的内容主要说明雇佣什么样的人来从事该工作，说明了工作执行者为了圆满完成工作所必须具备的知识、能力和技术。工作成果中既包含工作描述又包含工作规范的成果通常被称为工作说明书。

　　2. 大部分工作说明书主要包括：工作标识、工作综述、工作联系、职责与义务，工作权限，绩效标准，工作条件与工作环境，工作规范等内容。工作说明书格式多种多样，内容可简可繁。

　　3. 工作说明书编写的步骤包括获取工作信息、综合处理工作信息、撰写工作说明书、修正工作说明书等。以上步骤为企业在编制工作说明书的主要步骤，企业可根据实际情况对其中的细节进行取舍和调整。

　　4. 编写工作说明书应遵循的原则是对岗不对人；对事不对人；对当前不对未来；对职责不对待遇。

　　5. 工作说明书编写的基本要求是清晰、具体、简洁、规范。

　　6. 工作规范的内容应与岗位的职责相对应，主要列出工作人员为完成工作，所需要的知识、技术、能力及所应具备的最低条件，主要用以指导如何招聘和录用人员。工作规范中对任职者的任职资格要求可分为显性任职资格和隐性任职资格两大类。显性任职资格主要有四部分，含正式教育程度、工作经验、工作技能和职业培训。隐性任职资格指承担工作者所需要的内在能力和素质要求。

　　7. 常见的工作规范写作方法分类有以工作为导向推导法和以人员为导向推导法；以受过训练者为对象推导法和未受过训练者为对象推导法；以主观判断为基础的推导法、以统计分析为基础的推导法和以定量化职位分析为基础的推导法。

　　8. 企业需要根据组织的发展状况和任务要求，把工作任务进行重新组合，设计成符合员工特点的职位，这样工作分析就进一步深化为工作设计的改进，工作轮换、工作扩大化和工作丰富化等技术就应运而生。

思考题：

1. 工作说明书的主要内容有哪些？
2. 工作说明书的编写步骤是什么？
3. 编写工作说明书应遵循哪些原则？
4. 编写工作说明书有哪些常见的注意事项？
5. 工作规范的主要内容有哪些？
6. 工作规范的基本作用是什么？
7. 工作规范常用的推导方法是什么？
8. 收集一份工作说明书并进行评价。
9. 请为你所在岗位或你熟悉的一个岗位编写一份工作说明书。
10. 改进工作设计常用的方法有哪些？
11. 工作扩大化和工作丰富化的主要区别有哪些？

参考文献：

1. 加里·德斯勒：《人力资源管理》（第14版）北京：中国人民大学出版社，2017
2. 彭剑锋：《人力资源管理概论》（第3版）上海：复旦大学出版社，2018
3. 劳动和社会保障部，中国就业培训指导技术中心：《企业人力资源管理人员（下册)》北京：中国劳动社会保障出版社，2002
4. 陈维政，余凯成，程文文：《人力资源管理与开发高级教程》北京：高等教育出版社，2019
5. 李佳砾：《工作分析向何处去？》《人力资源·HR经理人》，2006（6）
6. Raymond A. Noe：*Human Resource Management*（Fifth Edition）Beijing：China Renmin University Press，2006
7. 世界500强企业管理标准研究中心：《工作分析与职位说明》北京：中国社会科学出版社，2004
8. 郑晓明：《人力资源管理导论》（第3版）北京：机械工业出版社，2012
9. 孙健敏：《人力资源管理》北京：中国人民大学出版社，2015

工作分析

第五章 工作评价

第一节 工作评价概述

一、工作评价的概念

工作评价又称职位评价，是指在工作分析或职位分析的基础上，按照一定的标准，采取科学的方法，对企业内部各职位的工作性质、工作强度、工作环境、工作难度及任职条件等因素进行评价，以确定各职位在组织中的相对价值，以此确定职位等级，建立科学、公平、公正的职位管理机制。评估的结果会成为确定薪酬的有力依据。

在理解什么是工作评价的过程中，我们要把握以下三个要点：

(1) 工作分析是工作评价的基础。工作评价的内容主要包括工作的任务和责任、完成工作所需要的技能、工作对组织整体目标实现的相对贡献大小、工作的环境和风险等。这些内容恰恰是工作分析所提供的信息，因此工作分析是工作评价的基础。在工作分析中我们对工作进行系统研究，工作描述的信息让我们了解了工作的责任大小、复杂程度、工作的自由度和权力大小等，工作规范中的信息让我们了解了对任职者完成工作所需要的技能要求、任职资格、工作环境条件等信息。对这些信息进行识别、确定和权衡，使我们对工作的相对价值作出恰当的评价。因此可以说，工作分析是工作评价的起点。

(2) 工作评价是以企业内部的工作职位为评价对象。工作评价的中心是"事"而不是"人"。工作评价虽然也会涉及员工，但它是以职位为对象，即以职位所担负的工作任务为对象进行的客观评比和估计，其内容具有客观性，与工作者的态度、能力等主观因素无关。在实践中这种特征表现为：不是做同样工作的员工应该领取同样的工资，而是工作评价只与岗位工作有关，与该岗位上员工的业绩无关。

（3）工作评价衡量的是组织中各类职位或者岗位的相对价值，而不是绝对价值。也就是说，工作评价一般根据各岗位的重要性、困难度等因素来确定它们之间的相对关系，把价值相似的岗位归为一类，然后确定岗位等级层次。岗位评价得出的是该岗位的分数或者等级，而不会直接得出各岗位的货币价值或者薪资。薪资的最后确定以分数或者薪点为基础，再结合组织状况及薪资调查情况来制定。

二、工作评价的作用

工作评价的根本目的是确定每一个待评职位在组织中的相对价值，它为企业的薪酬设计奠定了基础。具体说来，它还有以下的作用：

（一）为建立内部客观公正、外部公平合理的薪酬结构提供基础

在组织内部应该着眼于维护公平，实现真正的薪酬与贡献挂钩；在组织外部应该着眼于为员工提供相较于市场有竞争优势的薪酬，吸引优秀员工加入组织。

（二）明确员工职业发展和晋升途径

员工在组织内部跨部门流动或晋升时，也需要参考各个职位等级。工作评价使企业内部建立了一系列连续的等级，便于员工理解企业的价值标准，从而使员工明确自己的职业发展和晋升途径。

（三）保障招聘到合适的员工，合理进行人员调整

工作评价明确规定了各个职位的技能要求、工作强度、工作责任、工作环境等内容，可以确定选人用人的标准，这为确定的职位找合适的员工提供了依据。同时组织中的人事档案记录了各个职员尤其是重要骨干职员的个人特点、水平、领导能力等个人资料，在对员工进行职位调动时将人事档案记录与工作评价相结合，就可以保证将合适的员工放到合适的职位上。

（四）为建立和谐的劳资关系提供科学基础

我们要通过工作评价纠正由于员工压力、人际关系、机会、组织习惯等导致的薪资不公平现象，提供一个基于工作价值创造、贡献与分配的等级框架，并据此建立起一种公平的薪资支付结构。这主要是为了协调组织内部关系，缓和冲突，改善组织薪资支付结构中的不合理因素。

三、工作评价的原则

工作评价技术性强、涉及面广、原则性强。工作评价主要有以下几个基本原则:[①]

(一) 明确性原则

工作评价必须在工作标准、工作程序、方法选择、操作人员等各个方面明确无误。

(二) 一致性原则

工作评价应当在人员和时间上保持一致,保证评价结果不受无关因素的干扰。只有当两个人及更多人对同一项工作评价结果相似,或者同一个人在两个以上不同场合作出的评价结果相似时,才能说明评价的一致性。

(三) 客观性原则

评价过程中不能牵涉评价者个人的利益,更不能有个人偏见的存在。只有这样才能使工作评价的操作者保持客观的态度,控制个人主观态度对评价结果的负面影响。

(四) 弹性原则

工作评价的实际操作过程中不是一项可以一劳永逸的工作,随着组织内外部环境的变化,一些调整在所难免,因此有一套针对不准确或过失评价进行修正的机制对于组织来说是必要的。人力资源管理部门应阶段性地核查并更新工作评价结果。

(五) 代表性原则

这里的代表性包括工作评价委员会成员的代表性、被评岗位及其评价要素的代表性,以及评价结果对工作价值的代表性,总之就是要使评价结果在最大限度上获得员工的支持和理解。

(六) 准确性原则

工作评价的评价分数必须以准确的信息为基础,以正确地处理为过程,以精确

---

① 杨明海:《工作分析与岗位评价》北京:电子工业出版社,2018

地计算分数为结果。这要求评价人员对所评价的工作理解透彻，态度端正，工作认真，方法科学，运用正确。

（七）实用性原则

工作评价的方法多种多样，在使用难度上有简单与复杂之分，成本上有高低之分，时间上也有长短之分。要根据组织的现实条件和实际需要，以实用为标准，结合各种方法的特点来选择和使用评价方法。

四、工作评价的依据[①]

（一）组织的发展战略

组织的发展战略是组织经营的基本导向，也是工作评价的基本导向。工作评价的最高标准是职位对组织战略实现的贡献程度，对组织战略贡献越大，职位评价的分数也应该越高，所得薪酬也就越高，这是保证薪酬制度激励价值的重要依据。

（二）职位说明书

职位说明书是工作评价的基础，因为职位说明书包含了职位的具体职责、权限、任职资格、工作环境等综合信息，这将成为工作评价的直接依据。

（三）关键业绩指标

在工作评价中，组织战略及年度目标需要分解成各部门的关键业绩指标。这些关键业绩指标根据职位的不同可以有不同选择，一般选取那些最能体现目标职位特点、价值、地位的要素。如对组织销售岗位的工作评价，可以选取销售额、利润、市场前景等作为关键指标。

（四）在岗员工的基本情况

结合在岗员工的业绩状况和素质能力水平，可以判断目标职位对任职员工在能力、素质、经验等方面的要求。

（五）组织的员工结构

要对组织的员工总体状况进行把握，明确专业员工数量及类别，这对于判断任

[①] 萧鸣政，刘李豫：《工作分析与评价》北京：科学出版社，2017

工作分析

职员工在监督管理方面的评价结果和进行职位排序意义重大。

第二节 工作评价指标体系

工作评价指标就是从目前企业管理的现状和需求出发，通过对岗位劳动的具体分析，将影响工作岗位的主要因素分解成若干个指标。工作评价指标选择过程应该是由表及里、层层分析，即从总体到局部，从粗到细的过程。

一、工作评价常用指标的选择和定义[①]

工作评价指标体系有一些是经过大组织或企业使用过的，经过不断实践检验证明是比较成熟的。传统方案之一是 20 世纪 30 年代末，美国电气制造协会和美国金属贸易协会开发并推荐使用的一种标准，它将工作要素分为技能、努力程度、责任大小和工作条件等四大类。而在另一种常见的职位评价方案——海氏评价体系中，则将工作要素分为专业知识、解决问题的能力和责任大小等三大类。在实际操作中，大多数企业的工作评价指标体系都是借鉴这些著名的传统方案，并根据企业自身的实际情况加以调整来制定的。

以工作技能、工作强度、工作责任和工作环境等四个要素为例，它们通常可以细分为如下更多的次级评价要素，各个次级评价要素也可以根据实际需要，在细分为更次一级的评价要素。

（一）工作技能

工作所需必备技能的高低反映了任职者为胜任本岗位工作所必须具备的文化专业技术知识和实际操作能力上的差异。这一类指标可细分为如下几个次级指标：①知识要求，指对工作者胜任本职位工作所需要的知识结构和学历等要求。②技术要求，指对工作者胜任本职工作应具有的经验和技术水平的要求。③职位操作的复杂性，指作业复杂程度和掌握操作所需的时间长短。④职位所需判断和执行能力，指职位任职者对判断和处理某些特殊情况所需具备的能力水平。

（二）工作强度

工作强度反映工作者为完成本职工作所消耗的体力、脑力和精神紧张程度的差

---

① 方雯：《工作分析与职位评价》西安：西安电子科技大学出版社，2017

异。这一类指标可细分为以下几个次级指标：①体力劳动强度，指工作过程中所消耗体力的不同程度。②脑力劳动强度，指工作过程中所消耗脑力的不同程度。③工时利用率，指职位劳动时间利用效率之间的差异，它等于劳动时间与工作日总时间之比。④工作班次安排，指职位班次不同而引起的对工作者身体和精神上的影响。⑤工作紧张程度，指职位工作者在工作中所需承担的压力大小，以及由此引起的生理器官或精神上的紧张和疲劳程度。

（三）工作责任

工作责任的大小反映了工作在企业生产、服务、安全、物资消耗、管理等方面所负责任的差别。这一类指标可细分为如下几个指标：①产量责任，指职位生产活动对产量指标所应负的责任大小。②质量责任，指职位生产活动对质量所应负的责任大小。③设备责任，指工作者所使用设备的价值大小及操作的复杂难易程度，以及该设备对生产的影响情况的差异。④安全责任，指职位工作活动中发生事故的风险程度，以及事故的危害程度。⑤消耗责任，指工作者在工作过程中的物资消耗对产品成本的影响程度的差别。⑥管理责任，指职位在指导、协调、分配、考核等管理工作上所负责任的大小。

（四）工作环境

工作环境指各工作职位所处工作环境的舒适程度以及有毒有害物质和高温、噪音等对工作者身体健康的影响程度。这一类指标可细分为如下几个次级指标：①工作环境的舒适度，指工作者在工作过程中所处的作业场所、作业姿势等方面的差异。②有害物质的危害程度，指工作者在作业过程中是否接触有毒有害物质，以及这些有毒有害物质对身体健康的危害程度。

以上这些评估指标比较全面地体现了各行业工作岗位人员的工作状况，但具体对每个行业或企业而言，由于经营情况的不同，劳动环境和条件各有差异，因此在开展职位评价时，应结合本身的实际情况，从中选择适合的评价指标。

二、工作评价指标权重及其评分标准

在选择并定义了职位评价指标后，需要为这些要素分配合适的权重，即确定各个评价要素的相对重要程度。对于不同行业、不同企业和不同职位来说，各个要素之间的重要程度通常不一样。比如，对于资本密集型企业，"安全责任"这一指标的重要性要比"消耗责任"重要得多。而对于一个劳动密集型企业，结果可能刚好相反。同样对于不同的企业不同的职位，我们都可以找到这样的例子。因此，每个

企业在进行工作评估,为各个评价指标确定权重时,都要从企业自身的实际情况出发,仔细分析企业的业务性质、职位工作内容以及各个评价指标的含义,然后赋予每个指标一定的权重。

以前面所举的劳动密集型企业的职位评价要素为例,表5-1列示了这些评价要素之间可能的一种权重分配方案。

表5-1 工作评价要素权重分配示例[①]

评价要素	权重(%)	次级要素	权重(%)
工作技能	35	质量责任	7
		经济效益责任	7
		风险控制责任	7
		指导监督责任	7
		组织协调责任	7
工作责任	35	学历要求	3.5
		专业理论知识	3.5
		工作经验	3.5
		工作复杂性	10.5
		综合管理能力	14
工作强度	15	工作压力	6
		工作地点的稳定性	1.5
		工作负荷量	6
		体力劳动强度	1.5
工作环境	15	工作时间	4.5
		工作危险性	9
		环境舒适性	1.5
合计	100	合计	100

三、工作评价指标分级标准

在因素比较法和因素计分法中除了要明确定义各个评价要素外,还需要为每个评价要素划分等级,不同的等级表示对不同的职位在该要素上要求达到的不同标准。各要素等级的划分根据职位评价的实际需要而定,其数目应以能清晰区分不同

[①] 孙宗虎,郭蓉:《岗位分析评价与职位说明书编写实务手册》北京:人民邮电出版社,2017年

职位在该要素上所要求达到的标准为宜,同时各等级之间的差异要明显、合理。在实际操作中,各工作要素的层次设定一般在4层以上。表5-2就是对管理责任这一指标的一种层次划分方案。

表5-2 对"管理责任"指标的层次划分①

指标名称:管理责任	
层次	标准
1	对多个岗位有领导、考核或分配责任
2	对一个其他岗位有领导、考核或分配责任
3	对多个岗位有指导或安排工作责任
4	对一个其他岗位有指导或安排工作责任
5	有管理自主权、管理几个下属小组
6	有管理自主权、无下属小组管理
7	有管理自主权的单人或单机作业
8	受其他岗位管理、本岗位有部分自主权
9	完全受其他岗位管理

在要素计分法中,为各个要素划分好层次之后,需要给各个层次分配分数或点数,以反映各个层次之间的差异大小,并方便各评价人员打分时使用。

案例:工作评价指标的确定②

评价职位劳动的22个指标全面地体现了各行业生产职位工人的劳动状况。但具体对每个行业或企业而言,由于生产经营情况各不相同,劳动环境和条件各有差异,因此在开展职位评价时,应结合本身的实际情况,从中选择合适的评价指标。

(1) 某棉纺厂选用16项指标评价其工人的劳动职位。

这些指标是:①技术知识要求;②操作复杂程度;③看管设备复杂程度;④品种质量难易程度;⑤处理停台及预防次品复杂程度;⑥劳动紧张程度;⑦劳动负荷;⑧工时利用率;⑨劳动姿势;⑩工作班制;⑪噪声;⑫温湿度;⑬粉尘;⑭其他因素;⑮质量责任;⑯产量责任。

(2) 某钢铁公司选用18个指标评价其工人的劳动职位。

这些指标是:①技术知识要求;②操作复杂程度;③看管设备复杂程度;④品种质量难易程度;⑤经验;⑥劳动紧张程度;⑦劳动负荷;⑧工时利用率;⑨劳动姿势;⑩工作班制;⑪噪声;⑫温湿度;⑬粉尘;⑭工作场地差异;⑮危险性;⑯

---

① 龚尚猛:《工作分析》上海:上海财经大学出版社,2020
② 潘泰萍:《工作分析基本原理、方法与实践》上海:复旦大学出版社,2018

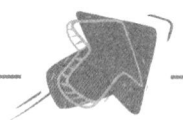

监督责任;⑰指标责任;⑱安全责任。

(3) 某水泥厂选用 22 个指标评价其工人的劳动职位。

这些指标是:①质量责任;②产量责任;③看管责任;④安全责任;⑤消耗责任;⑥管理责任;⑦技术知识要求;⑧操作复杂程度;⑨看管设备复杂程度;⑩品种质量难易程度;⑪处理预防事故复杂程度;⑫体力劳动强度;⑬工时利用率;⑭劳动姿势;⑮劳动进展程度;⑯工作班制;⑰粉尘;⑱噪音;⑲高温;⑳辐射热;㉑其他有害因素;㉒人员流向。其他有害因素包括毒物、高处作业和露天作业。

第三节 工作评价的方法与技术

工作评价方法,是在不考虑工作或完成工作的个人报酬的情况下,组织选择一定的评价方法来确定组织的职位相对价值的方法。对职位的影响因素测定比较的不同方法形成了职位评价的不同方法。常用的职位评价方法有排列法、分类法、点数法和因素比较法等。其中分类法、排列法属于定性评价,点数法和因素比较法属于定量评价。除此以外,还有国际著名的职位评价方法,即海氏(Hay Group)职位评价系统。

一、排列法

排列法也叫序列法,由评价人员凭借自己个人经验和工作描述对职位的重要性进行判断,根据其相对价值,把所有岗位按照从高到低的次序进行排列,然后将它们分出等级。这种方法一般不对职位进行因素划分,只求表明差异的存在和职位重要性的比较,而不管差异的程度具体有多大。该方法可以用来鉴别不合理的薪资差异。随着其他方法的发展,其使用机会越来越少。

(一) 排列法的应用步骤

(1) 准备工作职位资料。对工作进行系统的分级是排列法的主要内容,要以职务说明书、资格说明书和工作说明书及其分析资料为基础。如果没有这些资料,则需要先做好工作分析。这是因为排列法的应用是以评价人员对工作职位的熟悉为前提的,他们不可能一开始就熟悉各职位的工作任务或者职责。即使评价人员自认为熟悉职位情况,也仍须首先仔细研读工作说明书等相关资料,这样才有可能准确地把它们分出等级。

(2) 选择评价人员。由于评价人员的决定性作用,选择评价人员就十分关键。

我们需要选择一组管理部门和员工双方都能认可的人员组成工作评价委员会，其成员既有管理部门推荐的人员，也有员工代表。他们应该接受有关评价方法的培训，消除个人偏见，同时也要对各职位工作进行一般性的了解。排列法在小型组织中运用比较方便，而在大型组织机构中，要选择符合要求的人员则困难较大。同时，在大型机构中，排列方法对各部门内部较低层次职位的评价比较容易，一旦涉及部门之间工作职位的比较和评价，就比较困难了。

（3）制定评价标准。在实际运用中，排列法一般依靠内部力量来完成评价，因此评价人员同时也是担任某一职位的人员，我们应该注意克服因本位主义造成的个人偏见，保证他们对全部工作职位评价的公正与公平性。这就需要制定评价标准来规范评价行为，主要做法就是选择一组能够客观把握的评价因素。评价的因素可以包括工作难度、工作责任等，这需要在工作职位资料的基础上进行选择。

（4）实施职位分级。在实践中，可以采用卡片法、纸板法、配对比较列表法、轮流排序法等方法对各个职位进行对比，区分各个职位的等级。

（5）形成职位序列。工作评价的最终结果是形成所有职位的等级顺序即职位序列。由于分级法是一组评价人员相对独立地完成的，为了确定最终的职位等级顺序，需要把全部评价人员的评价结果按照某种计算方法综合到一起，然后根据综合分数进行比较。

（二）排列法的优缺点

采用排列法对职位进行评定时，其最大的优点就是简便易行。一旦标准职位及其相应位置被确定后，排定其他职位就相对简单。另一个优点是，每个职位是作为一个整体来进行评定，从而避免了对工作要素的分解而引起的矛盾和争论。

与此同时，排列法在对职位进行评价的过程中，也存在着如下不足之处：

（1）由于大企业的职位分布呈金字塔形，需要顶级的职位数量多并且不相近，因此难于找到对工作内容相当熟悉的评定人员，而且评定人员的组成和各自的条件、能力并不是一致的，而评定结果最终又必须依靠评定人员的判断，这势必会影响评定结果的准确程度。

（2）由于这种方法完全是凭借评定人员的知识和经验主观地进行评价，缺乏严格、科学的评判标准，因而评价结果弹性大，容易受到其他因素的干扰。

（3）由于排列法没有对职位进行因素比较，方法相对简单、粗糙，因此它只适用于生产单一、岗位较少的中小型企业。

为了克服这些缺陷，我们必须改进排列法，最新办法就是制定某些参考因素。对职位进行排列时，先依据每一因素对工作进行排列，再根据因素排列的平均结果确定职位的顺序。虽然这种改进并没有从根本上改变排列法的特性，但依据它所建

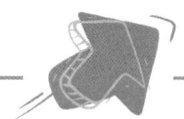

立企业的职位等级更加精确。

二、分类法

分类法又称等级描述法，它是在岗位分析的基础上，实现确定等级的数量和结构，然后根据岗位的工作性质、特征、繁简难易程度、工作责任大小和人员必须具备的资格条件等，对每一个等级分别进行描述，再按照等级的定义将所有岗位分配到相应的等级中去。这种方法的关键是对等级进行定义，保证不同的等级之间有明显的差别，便于岗位的归类。职位分类可以分为职位横向分类和职位纵向分类两种。

（一）分类法的应用步骤

（1）收集职位资料。为了划分职位的等级，必须掌握需要评价的每一个职位的详细资料。这些资料需要事先准备好，包括有关职位的工作任务和责任的说明材料。在评价因素确定之后，还要准备有关这些评价因素的说明材料。

（2）职位横向分类。①要对混乱的职位按业务工作相近的职位划分为科学类、行政类、行业类等职类系列。②将职类内的职位根据工作性质基本相同的标准划分为职组系列。③将职组内的职务再根据工作性质相同的标准划分为职系系列。对于具体的职系名称、包含职务的范围可以查阅有关职位分类辞典。

（3）职位纵向分类。①将职系中的职位按繁简难易、责任轻重和所需人员任职资格条件进行职位评估后，再依据不同的水平进行纵向排序。②划分职级。将程度水平相同的职位划分为一个职级，但不同职系由于工作性质差异和繁简难易、责任轻重和所需人员任职资格条件的不同，所分的职级也会呈现差异。③划分职等。为便于对不同职系的工作人员进行横向比较、统一管理，把不同职系中相同水平的职级归入同一职等。所以职等是不同职系中职级相似的职级群。④制定职级规范。职级规范又称职位说明书，它是用简明扼要的语言对每一职位的职务责任、权力及所需人员任职资格条件的功能进行规范性叙述的书面资料。⑤职位归级。把所有工作人员的职位对照职级规范归入适当的职级，并对之进行分门别类的职位管理。

（二）分类法的优缺点

比较现有的工作评估方式，职位分类法具有如下优点：

（1）职位组及其层级就组织的战略目标而设定，是较为抽象和概括的。而职位的设置则更多地与组织具体的阶段性工作内容密切相关。组织的战略目标为组织实施策略、工作内容的制定提供方向，具有相对的稳定性，而组织的实施策略及工作内容则是灵活多变的。因此对于同一个企业，职位通常会随企业的发展而经常发生变动，而职位族及其层级变动的可能性则非常小，也就说，职位族及其层级相对职位来说具有较大的稳定性。因此职位分类法具有稳定的基础，职位分类法的结果对于目前处于高速发展期的中国企业来说，适用性较强。

（2）分类法强调以组织目标为基础，通过职位分类法，"自上而下"、全面系统地进行职位梳理。职位族及其层级的划分必须要对组织价值流程进行纵向及横向的双向分析，在此基础上的职位梳理确保了系统性及全局性、职位的职责与组织目标相关联。与此同时，"自上而下"的梳理及职位族所具有的抽象性，也有效避免了目前企业中的任职者对职位评估过程的干扰，统一了职位梳理的标准。在此基础上进行的职位族及其层级的评估是基于"标准状态"的评估，是真正从组织的战略目标出发而设计的企业内部评估系统。

（3）职位族及其层级具有一定的概括性及包容性。一个职位族的层级往往可以对应十几个甚至几十个职位，因此对职位族层级的评估而非职位的评估，是以一种简单而有效的方式将企业的职位"打包"，从而大大减少职位评估的工作量，节省了企业的成本和时间。目前，职位分类法系统已经在多个项目中得到应用，其评估结果得到了客户的一致认可，从而也验证了此种企业内部评估系统是一套适合中国企业的职位价值评估系统。

但是这种方法也有一定的不足，那就是对职位等级的划分和界定存在一定的难度，有一定的主观性。如果职位级别划分不合理，将会影响对全部职位的评价。另外，这种方法对职位的评价也是比较粗糙的，只能得出一个职位归在哪个等级中，到底职位之间的价值量变化关系是怎样的却不是很清楚，因此在用到薪酬体系中是会遇到一定困难。同时职位分类法的适用性有点局限，即适合于职位性质大致类似，可以进行明确地分组，并且改变工作内容的可能性不大的职位。

三、点数法

点数法又被称为要素计点法、点值法等，是目前应用最为广泛、最精确、最复杂的工作评估方法。点数法，就是在工作分析的基础上，选取若干关键性薪酬因素，并对每个因素的不同水平进行界定，同时给各个水平赋予一定的分值，这个分值也称作是"点数"，然后按照这些关键的薪酬因素对职位进行评价，得到每个职位的总点数，以此决定职位的薪酬水平。这是一种比较复杂的量化工作评价技术，也是目前在国外企业中应用最为普遍的一种工作评价方法。点数法有三个基本特点：①有多个报酬要素，每个要素要分为几个等级；②要素的等级可以量化，反映工作的现实情况；③用一定的权数反映各要素的相对重要性。因此，每项职位所得

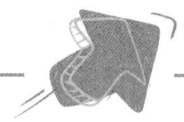

到的总薪酬点数，反映了它的相对价值在薪酬结构中的具体位置。

点数法与排列法和分类法的明显差异是，点数法为工作评价确定了明确的标尺——报酬要素，而且是根据企业业务活动的战略方向以及工作战略的贡献为基础来定义报酬因素的。点数法的主要优点是：①对职位的评价更为精确，评价结果更易被人们接受并可以微调；②可以使用具有可比性的"点数"来对相似性差的职位或工作进行比较评价，使用面很广；③由于报酬要素被作为职位比较评价的基础，而报酬要素又是根据组织的战略和生产经营活动的需要而定，因此用点数法进行职位评价能够较好地反映组织独特的需要、文化和价值观。点数法的缺点主要表现在，其方案的设计和应用耗费时间，报酬要素的界定、等级划分和权重确定等环节都会受到人们主观性的影响，容易出现意见相左现象，而且相应的评价体系设计与应用的复杂性和难度都比较高。

（一）点数法进行工作评价的步骤

（1）进行工作分析，确定基准职位。点数法需要从工作分析开始，寻找一些有代表性的基准职位样本，以这些基准职位的内容作为报酬要素定义、要素评分和确定权数的基础。

（2）选取报酬要素及其子因素。报酬要素即付酬要素或补偿要素，它是指能够为各种职位或工作的相对价值提供比较的工作特性，是那些在工作中受组织重视，有助于实现组织目标并追求组织战略的特征。在点数法中，报酬要素非常重要，在工作评价中发挥着关键作用。报酬要素的选取和界定应源于工作本身特征和组织的战略方向，应能反映工作或职位如何增加组织的价值。报酬要素的选取和界定必须以职位所执行的工作为基础，以组织的战略和价值观为基础，而且要使受工资结构影响的利益相关者能够接受，才能发挥其应有的效用。

在实际操作中，最为常用的报酬因素主要是技能、责任、努力程度和工作条件等方面的因素，它们各自又包含了许多相关的子因素。一般而言，一个职位的报酬要素的数目可以选定在3~25种之间，典型的情况是10种左右。例如"个人条件"要素就可以分为专业知识、工作熟练度、技术主动和灵活性等子因素。

（3）确定报酬要素等级。确定报酬要素等级就是对每一报酬要素的各种不同等级水平进行界定，每一种报酬要素的等级数量多少应当与组织中待评价职位在该报酬要素上的差异程度大小成正比。报酬要素的每个等级可根据基准职位中有代表性的技能、任务和行为来确定。

（4）确定不同报酬要素的权重及其各个等级的点数。首先要确定不同报酬要素在工作评价体系中所占的"权重"或者相对价值。不同权重反映了组织对不同报酬要素的重视程度差别。报酬要素的权重通常以百分比形式表示，它代表了不同报酬要素对于总体工作评价结果所起作用的重要性或贡献程度。根据报酬要素在职位工作中的重要性确定其权重的方法通常有经验法和统计法两种。

接下来我们来确定每一报酬要素不同等级的点数。在各报酬要素的权重确定后，需要给即将使用的工作评价体系一个总点数（或总分），比如 500 点或 1000 点。总点数的大小根据待评职位数量多少和价值差异大小而定。根据确定的评价体系总点数和各报酬要素的权重，即可确定每一报酬要素的总点值（最高点值）。例如，评价体系最高点数（总点数）是 500，"个人条件"要素权重是 40%，所以，"个人条件"要素的最高点值＝500 点×40%＝200 点。在确定了每一报酬因素最高点数的同时，还应确定其子因素的最高点值。比如上例中"个人条件"中的"专业知识"的权重是 10%，则"专业知识"的最高点值＝500 点×10%＝50 点。然后使用算数法或几何法给予每一报酬子因素的各个等级（或级别）配置相应的点数，各子因素之间的等级差最好是相等的。

（5）运用报酬要素（结构量化表）评价各职位，得出各职位的总点数。用计点法进行实际工作评价时，只需要确定所评价职位的每一报酬因素实际处于量表中的哪一个等级，则该等级的点数即是这一职位在该报酬要素上的点数，当所评价工作在所有报酬因素上的点数都得到之后，将它们汇总相加后就可得到该职位的最终评价点数。也就是说，每一职位总点数等于它在各个报酬要素上的所得的等级点数之和。

（6）建立职位等级结构，得出各职位的工资等级位置以及工资额。在所有评价职位点数得出后，只要按点数高低加以排列，然后按等差方式将职位进行等级划分，制作出职位等级结构表，就得出了各个职位的工资等级位置。若赋予一定点数区间以一定工资额时，即可为所得到一定点数的职位确定出工资率或工资数额范围。

（二）点数法的优缺点

（1）点数法的主要优点。①它是一种量化的工作评级技术。由于是量化的评级技术，就能够说明每个职位的点值，这样一来，就很明白地表现出了每个职位的重要性，说明了职位在流程中的贡献。这样，员工对于采用这种评价方法得出的结果就比较信任，也就更能够接受和服从，避免了很多的事后扯皮。②它是一种易于解释和评价的量化评价技术。每个职位在进行评价的时候都会获得相应的点值，这样，在说明各个职位的重要性和对企业贡献的大小时，只需根据点值进行比较就行了，非常容易就能够说明问题。③它是一种综合性的工作评价方法。它不是只考虑某个因素或某个职位，而是对所有的职位都进行考虑，考虑各个职位之间的相对价值，确定各个职位之间的差距，这样一来，这种方法也就具有了系统的观点和

看法。

（2）点数法的主要缺点。①它是一种非常需要时间的方法。从操作流程中我们可以看到，相对于其他方法来说，点数法需要的时间较长。操作流程中的每一步都需要时间，而且有的步骤需要的时间是不固定的，比如选择什么样的付酬要素，比如对这些要素进行定义，比如确定各个要素的点值等，都需要很多的时间。②建立一套点值评价方案非常困难。要素计点法挑选并仔细定义影响工作价值的因素，也就是付酬因素，这些因素包括该职位对企业的影响、职责大小、工作难度、工作条件对任职者的要求等，专家依据各种因素对不同的职位进行打分，得到各个职位的相对价值。一般说来只有人力资源专家才能确定职位的相对价值从而确定每一个职位的点值，也只有他们才有能力制订出一套好的点值方案。即使有一套好的方案，也还需要由经过专门训练的人才能运用，这无形中会增加企业的成本。

现在，为了避免点数法耗时费力的问题，同时保持点数法的优点，有些组织另外开发了一种标准点值方案，并广为应用。这套方案包括许多职位的既定报酬要素及其等级的定义和点值，而且在使用时几乎无须修正。对美国公司的一项调查表明：企业使用了现成的点值评价方案后效果普遍不错。但是，也有人对这种现成方案用于工作评估的可靠性提出质疑。

四、因素比较法

因素比较法又称要素比较法，是一种量化的工作评估方法，它实际上是对职位排列法的一种改进。这种方法与职位排列法的主要区别是：职位排列法是从整体的角度对职位进行比较和排序，而因素比较法则是选择多种报酬因素，按照各种因素分别进行排序。

因素比较法是从评分法衍生而来的，1926年由美国高速交通股份公司的E.J.本奇和他的助手们最先提出，他们是在试图完善评分法时创立了因素比较法的最初形式。因此，因素比较法仍然体现了评分法的一些原则，但两者的主要区别在于因素的配分形式和工作等级转换成工资结构的方法不同。从某种程度上讲，这种方法是一种混合方法，兼有排列法和评分法的特征。

（一）因素比较法的具体步骤

（1）确定付酬要素。确定付酬要素就是选择职位的比较因素，以确定用来对职位进行比较的依据或尺度是什么。确定付酬因素需要仔细、全面地做好工作分析，以标准、规范的职位说明书等职位信息为依据进行。

（2）选择基准职位。基准职位是指其他职位能与其比较而确定相对价值的一些职位。选择基准职位就是要选择各种比较基础并具有代表性、可比性的标尺性职位（或工作）来作为职位评价的对象，而其他职位的价值则可以通过与这些基准职位之间的付酬要素比较得出。因此，在每一类职位或工作中，应该选择具有以下特征的基准职位作为比较的标尺或基础：①能够代表所研究职位系列的绝大多数职位的职位；②许多组织中普遍存在，广为人知的职位；③工作内容相对稳定的职位；④市场工资率公开的职位。

（3）确定基准职位工资。确定基准职位工资即主要确定其基本工资，它是根据基准职位所包括的各种付酬要素的大小，在确定各个因素应得的薪酬金额后，再把它们汇总相加而得出。基准职位的（基本）工资水平，需参照市场水平而定，以确保组织工资制度的外部公平性或竞争力。这一步工作最好由工资委员会等集体来操作。

（4）把非基准职位与基准职位进行比较。这一步是将非基准职位的付酬要素与基准职位的付酬要素逐个进行比较，确定非基准职位在各付酬要素上的评价结果，从而得出各个非基准职位在各个付酬要素上应该得到的相应薪酬金额。也就是说，工作评价者可以依据待评职位与基准职位各付酬要素之间的对比情况，而选择待评职位与基准职位相应付酬要素中最为接近者，作为待评职位在该付酬要素上的货币价值的确定依据。这样做可以有效地维护组织内部各种工作评价和计薪的一致性。

（5）确定非基准职位工资。将上一步比较所得的非基准职位在各付酬要素上的工资金额相加汇总，即可得到非基准职位的工资水平。

案例：因素比较法的应用

在这次工作评估中，采用5个因素对职位进行评估。职位甲、职位乙、职位丙是基准职位，其中职位甲的市场工资水平为15.50元/小时，职位乙的市场工资水平为17.50元/小时，职位丙的市场工资水平为18.50元/小时。职位A、职位B是待评估职位。首先将职位甲、职位乙、职位丙按照5个薪酬因素进行排序，然后再将职位A、职位B与这3个基准职位进行比较，得出表5-3的结果。

表5-3 因素比较法评估案例[①]

工资	因素				
	智力	体力	技能	责任	工作条件
1.50元/小时	职位甲				职位乙
2.00元/小时	职位A	职位丙		职位A	
2.50元/小时		职位B	职位A		职位甲

---

① 方雯：《工作分析与职位评价》西安：西安电子科技大学出版社，2017

续表5-3

工资	因素				
	智力	体力	技能	责任	工作条件
3.00元/小时	职位乙	职位A	职位甲	职位B	职位B
3.50元/小时		职位乙	职位丙	职位甲	职位丙
4.00元/小时			职位B	职位丙	
4.50元/小时			职位乙		
5.00元/小时	职位B	职位甲		职位乙	
5.50元/小时	职位丙				
6.00元/小时					职位A

因此，职位A、职位B的小时工资水平为：

A＝2.00＋3.00＋2.50＋2.00＋6.00＝15.50（元）

B＝5.00＋2.50＋4.00＋3.00＋3.00＝17.50（元）

（二）因素比较法的优缺点

（1）因素比较法的优点。①评价结果较为公正。因素比较法把各种不同工作中的相同因素相互比较，然后再将各种因素的工资累计，减少了人为主观性的影响。②耗费时间少。进行评定时所选定的影响因素较少，从而避免了重复，简化了评价工作的内容，缩短了评价时间。③减少了工作量。由于因素比较法是先确定标准岗位的系列等级，然后依此为基础，分别对其他各类岗位再进行评定，因而大大减少了工作量。

（2）因素比较法的缺点。①易受人为因素影响。各影响因素的相对价值在总价值中所占的百分比，完全是凭考评人员的直接判断，这必然会影响评定的精确度。②操作复杂。因素比较法操作起来相对比较复杂，而且很难对工人们做出解释，尤其是给因素注上货币值时很难说明其理由。

在应用因素比较法时，应该注意两个问题：第一个问题是薪酬因素的确定要比较慎重，一定要选择最能代表职位间差异的因素；第二个问题是由于市场上的工资水平经常发生变化，因此要及时调整基准职位的工资水平。

五、海氏（HAY）工作评价系统

美国薪酬设计专家爱德华·海于1951年沿着点数法的思路，进一步研究开发出海氏工作评价系统，又叫"指导图标——形状构成法"。它有效地解决了不同职能部门的不同职务之间相对价值的相互比较和量化的难题，被企业界广为接受。据统计，世界500强的企业中有1/3的企业岗位评价时都采用了海氏三要素评价法。

海氏评价法，实质上是将付酬因素进一步抽象为具有普遍适用性的三大因素，即智能水平、解决问题的能力和风险责任，相应设计了三套标尺性评价量表，最后将所得分值加以综合，算出各个工作职位的相对价值。海氏评价法对所评价的岗位按照这三个要素及相应的标准进行评价打分，得出每个职位评价分，即职位评价分＝智能得分＋解决问题得分＋应负责任得分。

（一）智能水平

即要使工作绩效达到可接受的水平所需要的专门业务知识及其相应的实际运作技能的总和，这些知识和技能可能是技术性、专业性或行政管理性的。这一因素包含三种成分：

（1）对职位相关领域的专业理论、实际方法和专门性知识的了解程度。

（2）为达到绩效水平要求而需要具备的计划、组织、执行、控制及评价方面的能力与技巧，也可以理解为对管理诀窍的掌握水平。

（3）对所任职位所需要的机理沟通、协调、培养、关系处理等活动技巧的掌握程度，也就是人际关系能力。

（二）解决问题的能力

任何职位的工作都会涉及问题的解决，典型的解决过程主要包括以下部分：发现问题，区分各种问题的性质和主次关系，拟出若干具有针对性的备选方案，对备选方案进行分析和评价并作出选择，最后实施方案。

一般情况下，待评职位在组织系统中层级越高，对任职人员的决策能力和创造性思维能力要求越高，所得报酬也越高；层级越低则相反。该因素又可以细分为两个具体成分：思维环境和思维难度。前者是指环境对任职者决策的限制程度，限制越多，决策水平越低；反之则越高。后者指对任职者创造性思维的需求度，限制越少，创造性思维的空间越大，要求也越高；反之则相反。

（三）所任职位所承担的责任情况

这里的责任不是指职位的职责和权限，而是指任职者的行为对工作最终结果可能的影响，也可以理解为任职者在履行工作时承担的风险程度。

海氏工作评价系统将三种付酬因素的各子因素进行组合，每一个因素都可以用一个交叉图表来表示。对职位进行评估时可以根据职位在各个子因素的水平得出分值。下面就是三个因素的交叉图表（见表5-4～表5-6，表中空白部分表示省略的

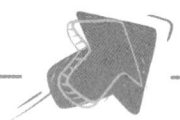

与本案例无关的内容)。海氏工作评价表中同一个子维度往往有三个数值,这是考虑职位细分的需要,为了追求价值区分的精确度。三个数值中,中间的是基准值,上下可根据需要进行微调。我们分别利用这几个表格对行政助理、技术顾问和营销总监这三个职位进行评估①。

表5-4 应用技能技巧评估的交叉图

		管理诀窍												
		基本的			相关的			多样的			广博的			全面的		
人际技巧		基本的	重要的	关键的	基本的	重要的	关键的	基本的	重要的	关键的	基本的	重要的	关键的	基本的	重要的	关键的
专业知识技能	基本的															
	初等业务的	60 64 70	70 75 90	80 85 100												
	高等业务的															
	基本专业技术															
	熟练专业技术															
	精通专业技术	300 320 350	325 360 400	355 380 450												

---

① 孙宗虎,郭蓉:《岗位分析评价与职位说明书编写实务手册》北京:人民邮电出版社,2017

续表5-4

专业知识技能	权威专业技术										
							500 540 580	520 555 600	535 570 620		

表5-5 应用问题解决评估的交叉图

		问题解决难度				
		重复性的	模式化的	中间性的	适应性的	无先例的
问题解决环境	高度常规性的					
	常规性的			23%		
	半常规性的					
	标准化的					
	明确规定的					
	广泛规定的					82%
	一般规定的					
	抽象规定的					85%

表5-6 应用责任评估的交叉图

财务责任		微小				少量				中量				大量			
		间接		直接		间接		直接		间接		直接		间接		直接	
对结果的影响		微小	次要	重要	主要	微小	次要	重要	主要	微小	次要	重要	主要	微小	次要	重要	主要
行动的自由度	有规定的																
	受控制的																

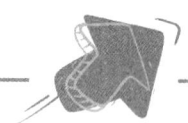

续表5-6

行动的自由度	标准化的									
	一般范围的	48								
	有指导的									
	方向指导的				140					
	广泛指导的								700	
	战略指导的									
	一般无指导									

应用技能技巧评估情况如表5-4所示。

行政助理职位所需要的专业知识技能不高,只需要具备初等业务水平即可。这个职位不需要对其他职位进行管理,因此管理技巧被评估为最低水平——基本的;但该职位需要与较多的人打交道,而且其中有很多人不太容易合作,因此人际交往的技巧应该是关键的。综合来看,行政助理职位在这个因素的得分是80分。

技术顾问职位需要精通专业技术。这个职位是一个基本上独立工作的职位,不需要对其他人进行管理,因此管理诀窍只需基本的。但他需要与别人交流技术知识、获取有用的信息、为他人提供培训,因此需要一定的人际技巧,人际技巧被评估为重要的。综合起来,该职位的得分为360分。

营销总监职位需要具备权威的专业技术。该职位是一个高级管理职位,需要广博的管理诀窍;人际交往对这个职位来讲至关重要,因此是关键的。该职位在这个因素上的综合得分为620分。

应用问题解决评估情况如表5-5所示。

可以看到，问题解决这个因素是用百分数形式来表示的。这套工作评估体系假设问题解决不是孤立存在的，而是与第一个因素"技能技巧"有着密切的联系。

行政助理职位问题解决的环境是常规性，因为他必须要按照固定的规则和上级的指示来工作；问题解决的难度是中间性的，因为在实际处理行政事务时会遇到不能套用老规矩的情况。因此，这个职位在解决问题中利用技能技巧的程度就是23%。

技术顾问职位解决问题的环境是广泛规定的，因为他在解决问题时只需要考虑一些大的原则和标准的限制；他的问题解决难度是无先例的，需要高度的创造性。因此，技术顾问在解决问题中利用技能技巧的程度是82%。

营销总监职位的问题解决环境是抽象规定的；他的问题解决难度是无先例的，因为他面临的大部分工作无明确指导，需要较强的创新能力。因此，这个职位在解决问题中利用技能技巧的程度是85%。

应用责任评估情况如表5-6所示。

行政助理职位的行动自由度是一般规范的，对结果的影响是次要的，财务责任是微小的，因此该职位在这个因素上的得分为48分。

技术顾问职位的行动自由度比较大，属于方向指导的，财务责任不大，只有少量的影响，对结果的影响比较大，因为他对生产技术标准的影响对企业效益有直接影响，因此属于重要的。这样看来，该职位的责任得分是140分。

营销总监的财务责任是巨大的，公司最主要的财务收支都会在他所管辖的范围内发生，因此属于大量的；他的行动自由度也非常大，可以独当一面，属于广泛指导的，他对结果的影响是主要的。因此，他在这个因素上的得分是700分。

我们可以将这三个职位在三个要素上的工作评估情况汇总在表5-7中：

表5-7 三个职位在三个要素上评估情况一览表

因素	职位		
	技能技巧	问题解决	责任
行政助理	80	23%	48
技术顾问	360	82%	140
营销总监	620	85%	700

根据海氏评价系统提出的"职务状态构成"的理论，职务的状态取决于技能水平和解决问题能力两个因素与责任的权重大小，据此可以划分出职业的三种形态：①上山型，该职务的责任比技能水平和解决问题的能力重要；②下山型，该职务的

责任不及技能水平和解决问题的能力重要；③平路型：该职务的责任与技能水平和解决问题的能力并重。

根据职务的形态不同，分别赋予这三个付酬因素不同的权重，划分为技能水平、解决问题的能力与责任两部分，其中，"上山型"的权重分配为40%+60%，"下山型"的权重分配为70%+30%，"平路型"的权重分配为50%+50%，显然，行政助理属于"平路型"、技术顾问属于"下山型"、营销总监属于"上山型"。

以上三个岗位最终得分如下：

行政助理评估得分=80×（1+23%）×50%+48×50%=73.2

技术顾问评估得分=360×（1+82%）×70%+140×30%=500.64

营销总监评估得分=620×（1+85%）×40%+700×60%=878.8

案例：工作评价在W厂岗位评价中的应用①

1. 项目背景

该厂是一家有3000余名员工、生产各种轿车轮胎的大型骨干企业，产品品种有180余种，年产量达100万以上。其生产劳动过程的主要特点是：

（1）岗位划分清楚，岗位之间差异明显。该厂是一条大流水线生产，共27个工种，364个岗位，道道工序衔接，岗位之间在技术难易、责任大小、劳动强度轻重、劳动条件好坏等方面客观上存在较大的差异。

（2）同一岗位内部个人之间的技术差异较明显。如成型工在定级进岗后，虽能独立操作，但技术有个深化的过程。有的工人只会本机台操作，有的工人却能在多种机台上操作，并会检修一般设备。

（3）一线工人专业工龄短。该厂一线操作工人常年在"热、脏、重、毒"的环境下作业，职业病发生率较高。

2. 开展岗位评价工作的原因

该厂历次调整工资，由于历史原因，基本上都是"一刀切"，按劳分配的原则没有体现，平均主义的"大锅饭"极为严重。其主要表现是"三个不分""两个脱钩""一个倒流"：

（1）三个不分：岗位主次不分、责任大小不分、劳动强度大小和条件好坏不分。一、二类岗位是主要的关键性的生产岗位，三、四类岗位是一般的生产性岗位，而五类岗位属辅助型岗位，但三、四类岗位工资却高于一、二类岗位水平，五类岗位的平均工资大大高于一类岗位。

（2）两个脱钩：技术难易、责任大小与报酬脱钩；最佳年龄、最佳贡献与最佳工资脱钩。技术难易、责任大小与报酬脱钩，如该厂挡车工是关键岗位，技术要求

---

① 陈彩琦，马欣川：《工作分析与评价》武汉：华中科技大学出版社，2017

高（在德国均是大学毕业生操作）责任大，压延机一旦发生故障，全厂就得停产。而该厂挡车工的工资却只有二级工水平，与一般岗位的工人工资水平相同。最佳年龄、最佳贡献与最佳工资脱钩，如外胎成型工，最佳年龄是上岗后10年左右，但1956年工资制度改革时，当时定额为35条，工人操作应会3种规格产品的操作，质量达到标准，工资即定为6级。原化工部部颁定额标准为60条，工人才有奖金，而且标准工资平均为3级。

（3）一个倒流（指劳动力流向）：由于工资分配不合理，造成了劳动力的恶性倒流；新工人进厂大部分不愿意去关键的一线岗位，特别是分配到成型、炼胶岗位的（这些岗位技术要求高，责任大，劳动强度大，出力多），都不愿去。有的去了也不想学，怕学会后无法调离。在干了几年后，都想办法、找门路离开岗位。不合理的劳动力流向，严重地影响了企业的生产。

事实说明，原有的工资制已经不适应生产力的要求，必须进行彻底的改革。在这种情况下，该企业学习了美国纺织行业"工作评价"的先进经验，根据岗位评价的原理和方法，在企业中大力推广岗位评价制度，为建立岗位工资制度奠定了良好的基础。

3. 岗位评价指标和评价标准

该企业岗位评价小组根据工人岗位调查资料，经过认真、细致地分析、对比，提出了四大类10项工人岗位评价指标。各项指标的定义及标准如表5-8～表5-11所示。

5-8 技术高低评价指标与标准表

指标与指标定义		测评指标				
		5	4	3	2	1
一、技术难易	衡量各岗位掌握部分工艺标准和操作的要求	质量特征值20以上，设备控制点45个以上	质量特征值15以上，设备控制点10个以上	质量特征值10以上，设备控制点5个以上	质量特征值5以上，设备控制点5个以上	本岗位工艺操作要求单一
二、专业知识	衡量各岗位具备生产专业知识的水平	掌握高级工专业知识面，具有高中或相当于高中文化水平	掌握中级工专业知识面，具有中级技或相当于中级技文化水平	掌握初级工专业知识面，具有实践或相当于初中文化水平	掌握熟练工一般专业知识面，具有相当于初中文化水平	掌握一般生产知识面，具有小学文化水平
三、熟练工作期	衡量各岗位在一定时期内掌握工作的熟练期	二年	一年半	一年	六个月	三个月

5-9 责任大小评价指标与标准表

指标与指标定义		测评指标				
		5	4	3	2	1
四、生产考核责任	衡量岗位对生产的作用应负的责任	按部分岗位定员定额行业领先，生产机组直接起主导作用	完成集体岗位考核指标，岗位起主导作用，机台行业领先，起副手作用	完成机台产值指标，起主手作用	完成集体岗位机台考核指标，起副手作用	完成本岗位工作
五、原材料和设备使用责任	衡量岗位在工作中对原材料和设备使用承担的责任	对原材料和设备使用负有较大的责任，在工作时稍有不慎将导致全厂停产或各类指标下降	对原材料和设备使用负有局部停产和经济损失千元以上、万元以下的责任	对原材料和设备使用负有部分停产和经济损失百元以上、千元以下的责任	对原材料和设备使用负有局部停产和经济损失20元以上百元以下的责任	无影响
六、安全生产责任	衡量岗位承担安全生产的责任	工作要求思想高度集中，负有防火防爆、防止重大人员伤亡事故发生的责任	工作要求思想集中，负有防火防爆，并对他人生产安全负责任	熟悉掌握本岗位生产要求，负有发生一般人身事故的责任	在工作中安全生产责任性较小	在工作中发生事故的可能性较小

5-10 劳动强度评价指标与标准表

指标与指标定义		测评指标				
		5	4	3	2	1
七、工作负荷	衡量各岗位在劳动条件下所付出的体力	强体力复杂劳动，强体力连续托运原材料半成品，吨位一小时重量计算，在1.4吨以上	连续强体力，连续托运，工作间隔位一小时重量计算，0.5吨以上	一般体力用，简单工具托运，平面移动物品	较轻体力，从事手工劳动移动物品，体力消耗较少	轻体力劳动

续表5-10

指标与指标定义		测评指标				
		5	4	3	2	1
八、操作形式	区分岗位操作用脑程度	半机械半手工复杂操作	半机械操作	全自动操作	使用简单机械操作	手工操作

5-11 劳动条件评价指标与标准表

指标与指标定义		测评指标				
		5	4	3	2	1
九、班次形式	区别常年从事转班次劳动所消耗体力值情况	三班制	二班制	早早班	季节性三班制	常日班
十、工作环境	区别不同生产岗位不同工作环境情况	常年从事室外劳动	常年从事室外劳动。A.天气热度达40℃以上。B.噪音85分贝以上	常年从事室外劳动。A.室内通风不畅。B.噪音80~85分贝	常年从事半室内半室外劳动。噪音八十分贝以下	工作环境好

4. 岗位评价的实施步骤和方法

(1) 岗位评价的准备工作。

①组织准备。建立岗位测评小组，由各车间、各部门具有轮胎生产实践经验的工艺员、计划员、劳资员、老工人等组成测评小组，具体负责企业的岗位评价工作。

②资料准备。资料准备的重点是：

A. 岗位定员标准，复核各岗位人数；

B. 检查分析和整理全厂各岗位技术等级标准执行情况和存在的问题；

C. 摸清全厂各岗位文化素质要求和现状；

D. 收集整理各岗位的性质与人员年龄、工龄、技术素质等情况；

E. 确定适应专业岗位最佳工龄年限；

F. 收集整理岗位所使用的设备、工艺等情况；

G. 统计各岗位有毒、有害因素分级程度；

H. 设计岗位测评结构、要素、标准及分级点数的分配；

I. 设计岗位测评表格。

(2) 岗位计价的基本方法。

岗位测评采取自上而下、由点带面的方法，选择几个岗位作为测评试点。测评的具体方法为：

A. 现有测评小组进行预测，填写测评表；

B. 由测评小组将预测结果交由有关车间主任、劳资员、工艺员进行集体复测、修改；

C. 根据复测资料，召开老、中、青工人座谈会，进行自测，广泛听取意见；

D. 最后由测评小组根据各方面意见，整理、修改、调整、提出分类意见，报厂工改领导小组审议；

E. 提交职代会讨论通过。

5. 岗位评价与分类归级实

经过测评小组的多次平衡之后，得到各岗位4个方面10项指标（要素）的分级点数（参见表5-7、表5-8），然后按照表下所注明的方法计算各岗位的测评点数。

最后，根据各岗位的总点数，按照表5-12所列的数值，将岗位归入一定级别。例如，压延工种挡车工岗位，其评价总点数为440，故此应归为一类岗。

5-12 岗位评价指标评价标准表

类别	指标	要素百分率	分级点数
技术高低	技术难易	20	5 4 3 2 1
	专业知识	10	5 4 3 2 1
	熟练工作期	5	5 4 3 2 1
	合计	35	
责任大小	对生产考核的责任	15	5 4 3 2 1
	对原材料和设备使用的责任	5	5 4 3 2 1
	对安全生产的责任	5	5 4 3 2 1
	合计	25	
劳动强度	工作负荷	10	5 4 3 2 1
	操作形式	10	5 4 3 2 1
	合计	20	
劳动条件	班次形式	10	5 4 3 2 1
	工作环境	10	5 4 3 2 1
	合计	20	
	总计数	100	

计算方法：1. 分级点数×要素百分率＝指标测评点数

2. 各指标测评点数之和＝岗位点数

5－13　岗位类别划分表

岗位分类	一	二	三	四	五
岗位点数	420～500	340～419	260～339	180～259	179 以下

上面的例子是对企业工人岗位进行的岗位评价，而在企业中，企业的核心人才往往是那些专业技术人员和高级管理人员。而且随着经济的发展，机械化的、纯体力劳动的工作会越来越少，而脑力劳动、技术能力在工作中所占比例越来越大。这样，对于知识性工作分析和评价就显得更加迫切。可喜的是，我国一些有远见的企业领导已经意识到了工作分析和工作评价在这些方面的重要性，并作出了积极地尝试。

小结

工作评价可以较为客观地确定各职位在组织中的相对价值和职位等级，建立科学、公平、公正的职位管理机制，为企业的薪酬设计奠定基础。本章概述了工作评价的含义、作用和原则，着重介绍了工作评价指标体系以及工作评价方法与技术，并以案例加深对工作评价指标体系和现代常用工作评价方法应用的理解。

思考题：

1. 如何理解"工作分析是工作评价的起点"？
2. 工作评价应把握哪些原则？
3. 工作评价有哪些主要方法，各适用于什么条件下？
4. 利用点数法进行工作分析时所需要的步骤。
5. 请结合实际，利用本章工作评价的方法，试着对熟悉的工作进行分析。

参考文献：

1. 杨明海：《工作分析与岗位评价》北京：电子工业出版社，2018
2. 方雯：《工作分析与职位评价》西安：西安电子科技大学出版社，2017
3. 萧鸣政，刘李豫：《工作分析与评价》北京：科学出版社，2017
4. 孙宗虎，郭蓉：《岗位分析评价与职位说明书编写实务手册》北京：人民邮电出版社，2017

5. 龚尚猛：《工作分析》上海：上海财经大学出版社，2020
6. 潘泰萍：《工作分析基本原理、方法与实践》上海：复旦大学出版社，2018
7. 陈彩琦，马欣川：《工作分析与评价》武汉：华中科技大学出版社，2017

第六章　工作分析在人力资源管理中的具体应用

企业人力资源管理工作者们致力于探讨组织中应该设定多少工作岗位才能够完成指定的工作，每一个岗位应该承担怎样的职责才能够使系统运作合理高效，谁才是这一岗位最理想的候选人，他应当具有怎样的素质、技能、经验甚至性格特征等。对这些问题的回答决定了作为企业经营运作的重要构成部分之一的人力资源管理的成败，而这些问题也正是工作分析所要回答的问题。工作分析所关注的工作描述、任职资格、工作成果的计量与激励，以及员工职业发展等问题，都将在人力资源管理中发挥重要的作用，是企业人力资源管理的基础。好的工作分析可以降低人力资源管理的成本，改善和弥补企业内部沟通不足、责任权利混乱的缺陷，优化人力资源管理结构，提高人力资源管理效率。具体而言，工作分析为人力资源规划提供必要的信息，使人力资源的规划更为准确；工作分析为企业的绩效管理提供相关的参照标准，使其更为客观公正；工作分析也为员工招聘与培训提供依据，使企业的招聘与培训能更有效地满足自身生存与发展的需求；合理的薪酬管理更离不开工作分析与工作评价。

第一节　工作分析与员工招聘

现代人力资源管理中招聘的重要性不言而喻。从短期看，招聘工作的质量影响企业的业绩，从长远看，招聘更决定企业生存与发展的方向。成功的招聘决策为企业带来的正面效益立竿见影，相反，错误的招聘决策却会导致企业付出惨痛的代价。员工招聘的目的在于能够吸引满足企业需求的人群前来应聘工作，从中选拔合格的人才进入企业以保证工作任务的有效完成。而工作分析在这一过程中扮演着重要的角色，无论是招聘需求的考察，招聘计划的拟定还是候选人员的选拔都需要借助工作分析才能有效地展开。

企业招聘员工的方式可分为内部招聘与外部招聘。许多企业为了更好地开发与

利用人力资源而建立了自身的人才储备体系,对人才进行系统管理,在需要的时候就可能通过内部招聘的方式为指定的岗位匹配相应的人才。许多公司通过每年的业绩考核,评选出具有提升潜质的员工,进入人才库,在升迁或培训时就会优先考虑。内部招聘能够降低招聘的成本,所提升的组织内成员对组织的历史和发展比较了解;对被提升的人员及其他成员都是一种有效的激励,可以创造良好的工作氛围,激励内部员工的进取心。但坚持从内部提升又存在将更能满足企业需求的外部人才拒之门外的风险,容易造成"近亲繁殖"的种种弊端。外部招聘是指企业通过招聘会、报纸广告、网上招聘、猎头公司、内部员工推荐等方式从组织以外得到所需要的人才。外部招聘有比较广泛的人才来源,可以避免"近亲繁殖"带来的企业僵化,但外部招聘由于缺乏对候选人的接触而无法对其有深入的了解,所招聘的人员难以确保满足企业的真正需求,新进人员对企业文化的适应也需要一定的时间,相应增加了外部招聘的成本。

但无论内部招聘与外部招聘在人才的供给来源与质量上存在怎样的区别,在招聘的流程上却是一致的。成功的招聘需要界定招聘的供与求,招募合适的候选人,通过面试对候选人员进行筛选并做出录取的决定。

一、界定招聘的供与求

在招聘工作面向候选人展开之前,考察企业的内外部环境,根据人力资源的供求状况,结合企业的发展方向、发展目标等要素,界定招聘的需求与供给是招聘成功的基础。招聘人员必须明确招聘是一个双向选择的过程。在这个过程中,企业试图寻找到能够满足其需求的候选人,应聘者也尝试着寻找最适合的岗位,实现其自身价值的最大化。为此,招聘工作人员不仅仅应该了解工作岗位的需求,还应该清楚工作岗位的供给,即企业为这一岗位所能提供的投入,必须明确其最终选择的理想任职者未必是最优秀的但却应该是最合适的候选人,是考虑岗位需求、企业投入与候选人需求与供给之后所做出的综合抉择。

二、招募合适的候选人

招聘方的供给与需求确定形成招聘信息,招聘方的供求应在招聘信息中有准确的描述,否则将直接影响应聘者的数量与质量。为了吸引合格的求职者,招聘信息的内容应该包含:

①公司简介;
②工作岗位的头衔、业务部门、工作职责;

③工作任务、责任和目标简述；
④工作时间和工作地点、报酬；
⑤对求职者的要求，包括资历、技能、品质等；
⑥招聘的时间、方式，负责招聘的人员，联络方法等。

招聘信息确定后，如果通过内部招聘，则只需要在公司内部发布消息，如果进行外部招聘，就可以选择猎头公司、报纸广告、人际关系网、互联网等渠道发布招聘信息，以扩大求职者的数量。应该注意的是，招募渠道与信息发布方式的选择应与招聘人才的类型层次相适应，选择最为有效的途径发布相关信息。

三、人员的选拔

候选人的供给与需求则体现在求职信与简历中。招聘信息发布后，可能会收到大量的应聘者资料，对求职信和简历进行筛选是人员选拔的第一步。首先过滤不符合工作基本要求的求职者简历。如不具备岗位要求的知识、技能、专业资格或相关工作经验等。

在符合基本要求的求职者中，通过查看简历，比较求职者之间的细微差别。简历的查看具有一定的技巧，应当注意查看资料时，留心能够体现求职者个性的信息与细节，找出人才的差异性，选择相对优秀的候选人进行面试。

面试主要为招聘者和求职者提供一次面对面交流的机会，通过面试的交谈与测试可以直接了解应聘者相关的信息。但由于花在每位求职者上的时间是有限的，如果缺乏充分周密的主持计划与有效的组织，那么面试的效率将会受到影响。因此，招聘人员在进行招聘之前必须制定面试提纲，熟悉求职者的简历并具备一定的面试技巧。

通过面试所确定的任职者正是考虑了招聘方工作岗位的需求与候选人员的供给，以及候选人员的需求与工作岗位的供给两个供求平衡后的最终选择。在此过程中应该注意思考的相关问题包括：

（一）岗位需求

（1）企业需要增设哪些岗位？企业由于种种因素会出现岗位设置的变动，在某些情况下需要增设岗位，因而需要进行招聘。在进行招聘前，必须对企业需要增设的岗位有详尽的了解。

（2）岗位对企业有什么贡献？岗位对企业的贡献不仅能体现出岗位的重要性，也将增强从业人员的荣誉感与自豪感，是激励员工的有效手段之一。

（3）各个岗位的主要责任与任务是什么？让任职者明白在工作中要做些什么。

（4）岗位涉及的企业内部横向与纵向合作者有哪些？任职者在工作过程中需要合作的部门、相关人员，需要管理的下属，需要汇报的上级。

（5）岗位相关的外部联系有哪些？岗位人员在工作过程中是否需要与外部客户联系，将进行何种联系，有什么注意事项。

（6）岗位工作需要达到的效果是什么？在各项内外部工作中，岗位工作的绩效标准。

（二）岗位供给（企业投入）

（1）企业可能提供的薪酬是多少？企业所提供的薪酬是其为岗位所做出的重要物质投入，合理的薪酬水平才能吸引合适的人才到组织中应聘。薪酬的公平、公正对招聘的最终成败有重大的影响。

（2）企业文化的影响？团队取向、团结程度、奖励系统等。不同的企业文化中，同一岗位的招聘可能针对应聘者提出不同的需求，也对应聘者产生不同的吸引力。

（3）企业的工作环境怎样？工作环境是造成人力资源流动的重要因素之一，候选人与企业工作环境的双向选择影响着岗位与人员最终能否匹配成功。

（4）企业的管理方式？不同应聘者对企业的管理方式、决策模式有不同的要求，在招聘中求职者会考虑企业管理方式与自身的契合度。

（5）企业的发展前景如何？企业的发展前景与员工的发展休戚相关，求职者会在应聘过程中综合考虑企业的发展前景与眼前可以得到的利益。

（6）员工的职业规划有哪些？合理的员工职业规划意味着员工在企业中的长远发展，也是求职者必须考虑的要素之一。

（三）人员需求

（1）岗位要求的知识、技能、专业资格。

（2）岗位需要具备的经验。

（3）候选人个人品质如何？包括职业道德。个人品质意味着求职者能否处理好团队合作，能否迅速地适应新的环境，胜任岗位工作。

（4）求职者动机。考虑所提供的工作岗位与求职者的个人目标、兴趣及精力状况是否相匹配，是否符合候选人的个人理想，候选人是否会在既定的工作岗位上服务足够的时间等。

四、工作分析在员工招聘中的应用

无论企业由于什么原因，采取什么方式进行招聘，招聘的流程都大致相同，都需要界定招聘的供与求,招募合适的候选人,通过面试对候选人员进行筛选并做出录取的决定。而界定招聘供与求的基础正是工作分析。具体而言,在员工招聘过程中,工作分析发挥的作用包括以下内容:

(1) 通过工作分析,企业对所需工作岗位的数量、职责、内容进行准确界定。为招聘双方提供有关工作的详细信息,使招聘者与应聘者对于工作岗位的需求与供给有明确了解,也确保招聘工作能真实有效地进行并满足企业的需求。

(2) 通过工作分析,确定任职者的资格条件,包括知识、技能、经验、个人品质等条件,为招聘者提供关于应聘者资格的详细信息,使招聘者在招聘工作中能准确地对候选人进行筛选,有效地鉴别理想的职位候选人。

(3) 工作分析所确定的招聘信息是招聘工作的依据,也将在招募候选人的环节中,用于对外发布。

(4) 工作分析中对候选人资格与特性的分析界定,决定着选择什么样的渠道与方式发布招聘信息。不同类型的人才有各自不同的特性,采取什么样的渠道与信息发布方式才能最直接有效地招募到企业所需要的人才,离不开工作分析中对人才特性的准确界定。

(5) 工作分析对于面试工作的组织实施作出贡献。有效的面试必须经过充分的准备与周密的组织,才能达到通过有限时间的交流了解应聘者的目的。只有通过工作分析,事先明确在面试工作中需要对应聘者进行怎样的询问与测试,方能有的放矢,水到渠成。

某外资企业招聘销售总监和国内、国际市场销售经理,对应聘者的要求除具有高学历、多年在大型企业工作的经验、出类拔萃的管理开拓能力外,"血型为O型或B型"也赫然列在其中。"血型取人"是因为"血型决定性格"。日本学者认为,血型决定着一个人的性格、气质和缘分,血型知识可以帮助人们妥善处理错综复杂的人际关系,还可以指导择业。比如O型血的人的性格特征是热情、坦诚、善良、讲义气,办事雷厉风行、踏实苦干、效率高;B型血的人聪明、思路广、拓展力强、最怕受约束。血型为O型或B型的人性格比较稳定,具有亲和力,这正是高级销售人才必不可缺的条件。血型为A型的人比较保守拘谨,而血型为AB型的人情绪多变,不适合做销售工作。"血型取人"理论的可行性有待商榷,但工作分析在员工招聘中所发挥的作用由此可见一斑。

案例:

A公司是一家跨国企业,从事研制、生产、销售保健食品,B公司是A公司在中国的子公司,主要生产、销售A公司的产品。随着销售业务的扩大,为了对销售部门的人力资源进行更为有效的管理开发,分公司总经理与销售部门的经理和人力资源部门经理讨论后,决定设立一个处理人事事务的岗位,协调生产部与人力

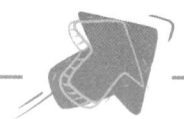

资源部的工作。

为此，人力资源部经理决定对外招聘，并设计了两个方案：第一个方案是通过大众媒体宣传，费用为8500元，好处是：企业影响力度很大；不利条件：非专业人才的比例很高，前期筛选工作量大，招聘成本高。第二个方案是通过行业内网络进行专业人员招聘，费用为3500元，好处是：对口的人才比例会高些，招聘成本低；不利条件：企业宣传力度小。总经理看过招聘计划后，认为第一种方案有利于公司的宣传发展，于是选择了第一种方案。

该企业招聘广告刊登的内容如下：

招聘单位：B公司

职位：销售部人力资源主管

内容：负责销售部和人力资源部两部门协调性工作

联络办法：B公司人力资源部

其后，人力资源部收到500份简历。人力资源部详细查看应聘者资料后，保留了30份有效简历，并在其中筛选了3人交人力资源部经理与销售部门经理。部门经理经过筛选后选择了X和Y进行面试。两人基本情况相当，但X在面试过程中，没有提供过去在原公司主管的评价。公司通知一周后通知面试结果。在此期间，X几次打电话给人力资源部经理表示感谢，也表示非常想得到这份工作。而Y选择了等待。

两位经理讨论后认为两位候选人的资格审查都合格，唯一存在的问题是X在原公司主管的评价资料不充分，但也没有别的问题。而在面试中X有较好的表现，为人处事也比较圆滑，应该容易共事，相信在工作中不会出现大的问题。最后决定录用X。

结果，X来到公司工作了六个月，在工作期间，经观察：发现X的工作不如期望的好，指定的工作他经常不能按时完成，有时甚至表现出不胜任其工作的行为，所以引起了管理层的抱怨，显然他对此职位不适合，必须加以处理。

然而，X也很委屈：在来公司工作了一段时间，招聘所描述的公司环境和各方面情况与实际情况并不一样。原来谈好的薪酬待遇在进入公司后又有所减少。工作的性质和面试时所描述的也有所不同，也没有正规的工作说明书作为岗位工作的基础依据。[1]

讨论：

1. B公司的招聘工作存在哪些失误？
2. 招聘过程中工作分析本应该在哪些环节发挥作用？

---

[1] 来源：中国人力资源开发网．根据《招兵买马之误：招聘案例分析》资料整理，2022

3. 由于工作分析的缺乏给招聘造成了哪些问题?

第二节　工作分析与员工培训

员工培训是提高企业人员素质的重要手段之一,通过培训能使员工提高专业水准与技能,认同企业文化,清楚组织目标。因此提高企业培训工作的质量可以有效地增强企业的竞争力与凝聚力,确保企业的可持续发展。而提高员工培训的质量与工作分析密切相关。

一、工作分析与培训需求分析

工作分析在员工培训的流程中发挥基础作用。培训决策中的培训需求确定正是工作分析结果的运用。在进行培训需求分析时,需要通过检查各岗位的工作说明书及任职资格要求,发现从事某项工作所需要具备的各项知识、技能和能力,并在此基础上确定培训需求及相关的培训内容。

员工培训从概念上可分为普通培训与特殊培训。普通培训指通过培训获得对多个雇主同样适用的技能,如计算机的使用,文字处理软件,语言培训等。特殊培训即所获得的技能仅对目前的雇主有用,如特殊设备的操作,企业文化的灌输等。多数的培训实际是两者的统一,但值得注意的是,普通培训承担着已接受培训的工人寻求高工资流动的风险,因此雇主不愿意承担普通培训产生的成本而通常需要雇员自己支付培训的费用,或者雇主会通过合同对受训员工进行约束。在考虑是否决定进行特殊培训投资时,企业需要进行培训的需求分析,并做出相关的决策、思考。具体培训需求的分析内容如下:

(一) 组织分析 (企业层面的培训需要)

(1) 企业的战略。
(2) 企业的使命、目标、策略和文化。
(3) 企业的结构。
(4) 企业可能为培训提供的时间、财力、物力和人力资源。

(二) 岗位分析 (岗位的培训需要)

(1) 根据岗位说明书列出岗位的基本任务。
(2) 考察岗位工作的实际完成情况。

(3) 确定岗位需求与实际状况的差距。
(4) 确定需要培训的岗位。

（三）人员分析（个人的培训需要）

(1) 明确完成岗位工作所需要的知识、技能等。
(2) 分析在岗人员的实际构成。
(3) 确定岗位需求与实际状况的差距。
(4) 确定需要培训的人员。
(5) 选择进行培训的对象，在需要培训的岗位上确定向谁提供培训。通常而言，应该向学习效率高而辞职率低的员工提供培训。

（四）财务分析

(1) 如何确定员工培训期间与培训后的工资？培训期间员工的工资与培训后员工工资的浮动同样构成企业的培训成本。
(2) 培训后企业的获益是多少？货币化因素，包括生产效率的提高，管理成本的节约等；非货币化因素，包括企业凝聚力的增加，工作氛围的改善等。
(3) 多长时间可以收回培训的投资？培训是一种投资，而投资必然产生效益，在产生效益之前应计算多长时间可以收回投资成本。

通过岗位分析、人员分析与财务分析，确定培训对象、培训的目标、培训的投入、培训的具体内容等，并以此作为设计培训方案时的基础信息。

二、培训方案的设计

培训的决策做出后，根据培训的需求，设计培训方案，在培训方案的设计中除注意坚持明确培训目标，了解受训者情况，知识性与趣味性相结合，注重实际体验，考虑个体差异的一般原则外，值得注意的是对培训者的培训。好的培训离不开好的培训者，好的培训者必须同时具备知识与技能、正确的态度与一定的领导才能。在一些专业与大型的培训开始之前，应设计针对培训者的短期培训，通过对培训者的培训，提高培训者的培训技巧，也使他们进一步领会培训的意图，并将这一意图贯穿到下一步的培训中去。同时尽可能选择最有效的培训方式，设计最简单直接的培训方案。通常所用的培训方式有：

①课堂培训；
②专题讲座；
③学徒式培训；

④角色扮演法；
⑤案例研究法；
⑥头脑风暴法。

在具体的运用中，培训方式的选择可以是多元化的，如宝洁在培训销售人员时，运用了多种培训方法，如：

①课堂培训：阐述什么/怎样/为什么。
②角色扮演法：示范演示。
③学徒式培训：受训人员尝试。
④头脑风暴法：回顾优点，讨论和修正不足之处。

三、培训效果的评估

培训员工是否在培训中学到了预期的知识、能力或技能，也就是企业的培训是否有效，可以通过评估来反映。对培训效果的评估，一方面可以检验被培训者参加培训的总体效果，对其参加培训的投入程度进行衡量，另一方面可以评价培训活动设计的效果，为将来的培训设计提供反馈意见。

通常评估可以被分为过程评估与综合评估，前者是为了改进培训的过程而进行的评估，后者则是对培训的经济收益或投资回报进行的评估。目前被企业最普遍采用的评估方法是柯式评估法，柯式评估法认为，培训效果可以通过对反应层、学习层、行为层和结果层的评估找到答案。

评估企业培训的效果，从评估主体上看，可以通过培训者、受训者、培训主管和人力资源部管理人员的反馈意见来实现。从时间上看，可以结合培训进行期中评估，也可以在培训后进行评估。宝洁公司的阐述、示范、尝试与修正（回顾优点，讨论不足之处）的培训周期，不仅提供了完整的学习程序、可执行的步骤，还通过观察，总结受训者是否达到了培训的目标，对培训的效果进行了一定程度上的评估。

案例：丰田汽车公司的员工人才培养体系

在2019年财富世界500强排行榜中，日本的丰田汽车公司排在第10位，是日企排名中最高的，在全球汽车行业中仅次于德国的大众公司（第9位）。这么庞大的企业帝国是靠什么来支撑呢？第一反应我们能想到的就是丰田的员工，丰田的人力资源。据丰田官网介绍，目前公司全球员工人数已经超过了36万人，如何将这么庞大的员工群体培养成训练有素的人才呢？下面通过丰田汽车公司的人才培养案例，希望能让大家获得有益的启发。丰田汽车公司的员工人才培养内容这里归纳为以下几个方面。

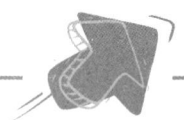

工作分析

一、人才培养高屋建瓴

丰田汽车公司的创始人丰田喜一郎就曾经指出"企业盛衰，决定于人才""人才资本，决胜经营"，因此整个公司从上到下，都认识到了人才培养的重要性，并将人才培养融入企业文化之中，人才培养不仅是人事部的责任，也是董事长、总经理、各位部长课长的责任，更重要的是，人才培养是每一个员工的责任，甚至是义务。

二、层层选拔培训师资

培训效果的好坏，有一个非常重要的因素，那就是培训的师资。丰田公司如何确立自己的培训师资队伍呢？在人才培养是每一个丰田人的职责和义务的观念影响下，能够成为培训教师成了一种荣誉、一种信任。但能成为一名丰田的培训教师非常不容易，挑选的过程非常严格。我们以丰田中国为例，培训教师可以分成两类：一类是技能培训教师，另一类是管理培训教师。对于技能培训教师而言，丰田中国首先会按照日本丰田技能培训师的要求设立选拔条件，在整个公司上下各个工序内推荐和选拔教师。经过层层筛选出的人员要接受日本丰田技能培训师为期一个月的培训，培训合格者进入日本丰田生产力推进中心培训，然后再进入相关工序技能培训中心培训，最后考试合格取得相应技能等级培训教师资格证，才能回国任教。对于管理培训教师而言，丰田中国由中日双方推荐中方中层干部作为教师候选人，然后由具备培训教师资格者进行授课，在经过公司育人委员会全体成员评价合格后才能聘为公司正式培训教师，如果要成为公司的全球管理培训教师，那必须参加中国丰田学院举办的全球培训教师资格认证。以上过程之中，必须要掌握两个原则：①使用日本丰田教材培训；②教师必须由日本丰田相关人员培养、考核，得到认可后才有资格授课。

三、不同受训对象分类培训

针对不同的培养对象，丰田采取了不同的培训方式来建立培养体系。按照培养对象来分，主要就是三类：新人教育体系、事技员（干部）培训体系、技能员（工人）培训体系。

（一）新人教育体系

丰田公司对于"新人"在2007年之后就有了一个明确的划定：入职不满三年的员工。新员工的培训过程具备以下特点：

- 入社培训要经过六个阶段。
- 接受三级教育（即公司级、部门级和岗位级）。
- 内容涉及公司文化、工作方法、安全环境、职业卫生、丰田生产方式（TPS）以及岗位技能等多个方面。
- 部门主管通常会为其制定一年甚至更长的教育培养计划，耗时在6个月~2

年，根据不同时期培训重点，分配相应的前辈作其指导老师。新人熟悉工作进度、掌握知识技能的好坏，将与指导老师的评价联系在一起。丰田还在一些特别部门还设置了小组长，每个组有3人到5人。小组长既要做好自己的本职工作，也要为新人和下属制定工作目标，要和组员加强交流与沟通。丰田不仅采用小组长制，还建立了工作岗位前辈制度。该制度要求老员工应该给予新员工一些帮助和指导。

（二）事技员（干部）和技能员（工人）培训体系

事技员和技能员教育培训体系相同，分为晋级培训、专门培训和OJT（在岗培训）。主要包括丰田工作方式（Toyota Business Program，TBP）培训，生产方式（TPS）培训，管理技巧培训，领导力培训，业务提高培训，操作技能培训，新工艺新技术新设备培训，信息技术培训，安全培训，在岗培训，岗位轮换，现场管理，汽车知识培训，特殊工种培训，外语培训，职业卫生培训等等。

当然，丰田公司会针对不同资格的员工，安排针对性的培训内容和专项教育。对于日企来讲，资格重于职务。丰田也是如此，取得一定资格，就具备担当相应职务的能力，只要机会允许，随时可上任。比如丰田公司将技能员分成TM（职员）、TL（组长）、GL（班长）、CL（系长）等，这些都要按照资历（入社年限）来划分。对于新任的CL，他们的培训内容是为期5天的职责、方针管理、领导力培训；而CL满两年的就包含了TBP（进阶）、业务规划、危机管理等内容。总之，到了次长、部长的职位。要根据职位和工作年数，安排不同的教育训练。

四、非常重视问题解决型的培训方式

在丰田公司，晋级培训由人事部主导。人事部根据每个资格人的知识、能力要求，设置相应的课程，选派在该领域优秀的内部老师授课，或选派老师外部接受培训后授课，个别要求较高，内部无合适人选的，也直接邀请大学老师或咨询机构的培训老师。而晋级培训的主干课程是侧重问题解决方法上，2005年提升为丰田工作方式（Toyota Business Program，TBP），成为与丰田生产方式相当的工作方法。后者用于生产现场，前者用于管理领域。问题解决方法之所以受到丰田高层如此重视，得益于丰田人事部门十几年的不断推广、完善，并经过实践检验行之有效，且硕果累累。这种方法可以说是丰田公司独有的，世界500强也绝无仅有。丰田推广问题解决方法的目的是首先培养员工的问题意识，然后发现问题，通过正确的方法找到真正的原因，提出切实可行的解决方案并付诸实践，不断完善自己的方案，直到问题真正解决。实际上就是一个PDCA（即质量管理四阶段：计划、执行、检查、处理）循环。同时，培养学员沟通交流能力、团队协作精神、现场实践理念，以及学员的逻辑性、数据分析、语言归纳、遵守规则等能力和习惯。丰田问题解决方法分为三个层次：发生型问题解决、课题设定型问题解决和职业生涯规划，分别为初级、中级和高级课程，适用于初级、中级和高级人才。目前培训的课程主要集中在前两种。

在丰田,"什么是问题"是需要首先解决的问题。现实生活工作中,不是没有问题,问题存在于每个角落,每个方面,没有问题是不可能的,关键是你愿不愿意承认问题,想不想去寻找问题,解决问题。那么,什么是问题呢?问题就是我们生活的不快、矛盾、冲突,工作中的差距,即与我们的职责要求的差距,与我们作业标准的差距,与我们工作的理想状态的差距。问题有两种:一种是已经

发生的问题(即与我们的职责要求的差距,与我们作业标准的差距),一种是目前还没有发生但是根据经营环境的变化,根据公司机构变化、职责调整,或者根据与同行业或不同行业标杆企业比较,可能出现的问题或者存在的差距(即与我们工作的理想状态的差距)。

关于问题解决型培训,有两种做法:一种是将所有理论步骤讲完后,学员回岗位寻找问题、分析、提案,制作成 A3 资料进行汇报;一种是将步骤进行分解,分阶段进行,讲授完几个步骤,回岗位与上司、同事进行研讨,作成 A3 资料,回到教室向老师、学员汇报,接受老师、学员提问、辩论。老师对每个报告进行评价后,又讲授几个步骤。学员回岗位后,一方面对前几个步骤报告中存在的问题与上司、同事进行讨论,收集分析数据,进一步完善后继续下几个步骤的信息收集、发现、报告制作。如此反反复复,半年之后,将所有的过程、发现、结果汇总成一张 A3 报告,提交上司和老师审议,然后向公司育人委员会汇报,由育人委员会成员进行评价。

丰田技能培训由制造部门主导,但结果须报人事部门。其最大的特点就是理论结合实际。一个培训中心,其实就是作业现场的翻版,所有的教具和生产现场一模一样,学到的技能回去后马上就能得到运用。

在丰田公司,"安全"是在公司政策、文件、公司会议以及领导讲话中出现频率最高的词语之一。公司上下对安全特别重视,就组织机构而言,公司设有安全委员会及其办事机构——安委会事务局,每月定期召开安全会议,由总经理亲自主持,每个部门设有专兼职安全员,由安委会事务局召集召开安全例会。

丰田公司及其在世界各地的事业体一般不会参加 ISO 质量体系、安全体系认证,因为在丰田人的意识中,它的品质、安全体系非常完善。工作要求也比 ISO 认证体系高。丰田公司对安全的要求近似苛刻,每一项作业都有安全要领,即使手指一点点划伤都需要汇报,并分析原因,寻找解决的方案。有时甚至大惊小怪。然而正是这种大惊小怪让每一个丰田员工有极高的安全意识。

每一个员工进公司、进部门、进岗位或换部门、换岗位,都必须进行安全培训,安全培训档案随员工在公司内部流动。安全培训内容包括:新员工三级教育,现场安全教育(异常处理、岗位安全点检、作业要领书、应急处理、安全消防演

练、防护用品使用等)，现场监督者安全教育（安全生产方针、班组安全生产管理、安全政策、法律法规、现场安全管理等)，特殊作业人员安全教育，施工安全教育，复工教育，换岗教育，安全员教育，安全生产管理者教育，四新安全教育（新工艺、新产品、新设备、新材料）等。对安全的重视，体现在丰田价值观上，也贯彻在人力资源管理理念中，即"安全第一主义"。这是对生命的尊重、对人的尊重，也是对社会、对家庭、对员工的责任。

五、海外研修三种培训形式

随着海外市场不断拓展，海外事业体对各类人才的需求不断增加，仅仅靠丰田公司培养人才并对外输出远远不够，为适应这种变化，2000年后在丰田本部成立了一个名为丰田全球生产力推进中心（Toyota Production Center，TPC），负责帮助海外事业体进行人才培养。TPC偌大的培训工厂内白人、黑人、黄种人等不同肤色、来自不同国家、操着不同口音的人在丰田老师的指导下学习管理、

操作技能。丰田公司在世界各地的事业体基本上采用的一个模式：丰田管理方式，包括丰田生产方式，丰田工作方式，人事管理，零部件供应和物流、品质管理，安全环境管理等。再加上汽车技术、产品开发等核心的东西都集中在丰田公司本部，因此，各国事业体要按此模式进行生产、经营，就需要经常派员工到日本丰田本部学习，即所谓的出国研修。

出国研休分为三种形式：见学、现场研修和内部员工调动（ICT）。

（1）见学。所谓见学，顾名思义就是见中学，边看边学。具体可分为两种，一种是会议见学，参加一个主题会议，如环保会议、法律会议、人事会议等，由主办方的丰田公司相关部门介绍其做法，然后要求与会者介绍各公司具体做法，美其名曰分享，实则让你自己揭短，让大家看出差距，之后由专人带领进行现场参观，接着回到培训教室，要求与会者写感受、写改善方案、写推进日程等，回国后向相关领导汇报，接受其对改善效果的监督、考核。第二种是真正的见学，主要是制造部技术人员或主管直接深入到丰田公司相关生产工序现场，向现场员工、班组长、系长、课长学习专业技巧或现场管理技能。通常，见学支付的费用低、时间短、层次高，丰田公司人事部对相关部门控制严，只准看、问、记，不准录像、拍照、复印或带走任何资料。

（2）现场研修主要针对各个工序操作工人。因为从日本丰田引进新产品、新工艺、新设备，一方面日本丰田会派人来现场指导，另一方面各个事业体也会派大量优秀操作工人去日本丰田学习，时间长短不定，通常1~3月的较多，学习的地方一是日本丰田汽车相关工序现场，二是丰田全球生产推进中心（TPC）。这些员工学成回国后就是师傅，在本班组推广其所学知识。

（3）ICT是一种长期培养方式。ICT，英文名为Intra CompanyTransfer，即丰

田公司内部员工调动。它是培养丰田事业体中高级管理人才、技术人才及其他专门人才的一种培养方式，时间1~3年不等。这也是丰田公司各个事业体招聘廉价劳动力的一种方式。每年年初，各个丰田事业体根据日本丰田ICT招募部门、条件、时间，在内部进行人员选拔，再推荐到日本丰田全球人事部，经相关招募单位审核后即可。丰田中国事业体推荐ICT人员必须具备几个条件：日语二级或英语六级；在丰田事业体工作三年以上；具备上一级专门职业资格。ICT人员到日本丰田，从基础做起，在丰田日常工作中感受学习其工作方式、工作技巧。这些人员在丰田领取薪水，虽只有丰田同级资格员工薪水的三分之一甚至更少，但在中国内地，绝对是高薪。ICT既为丰田提供了廉价、优质的劳动力，又培养了熟悉其文化的专业人才。这种事半功倍的培养方式得到日本丰田、各国丰田事业体、员工的大力支持，成为激励丰田事业体管理人员、专业技术人员的有效方式之一。

六、外语培训也不含糊

作为一个国际化的大公司，外语培训是丰田公司专门培训中最重要的项目之一。丰田公司每年要派出大量的管理干部、营销干部到世界各地。选拔外派干部一个主要条件就是外语。不会外语，即使有很好的业务能力，也很难得到长期派遣的机会。丰田外语培训分为两种，一种是常规培训，每天都安排有诸如英语、汉语、法语、拉丁语等语言培训，员工自愿报名参加学习。另一种是强化培训，即外派之前，接受一个月相关专家的专项培训。在外语培训中，英语作为一种世界通用语言受到多数员工的追捧，当然这里面也有美国丰田是其海外最大、发展最好的事业体的原因。近年来，日本丰田内部，汉语学习也随着中国经济的发展逐渐成为热门培训课程。

七、在岗培训（OJT）备受推崇

在日本丰田，常见的培训方式有三种：在岗培训（OJT）、离岗培训（FJT）和员工自修，其中OJT最受推崇。根据丰田的实践，真正意义上的OJT应该是指在工作岗位上，在上司或指导老师的指导下，一对一有计划地培养特定员工特定工作技能的过程。在丰田公司，OJT是最主要、最重要的人才培养方式。一个有理想、有追求的员工的成长，OJT是基础，同时辅之以相应的激励机制和系统、持续的培训。OJT不单单是学习技能、经验的有效方式，还是传承企业文化的一种有效形式。丰田OJT培训方式主要有三种：工作指导、岗位轮换和问题解决。

（1）工作指导是丰田监督管理者必须接受的一项培训，是最具丰田特色的一线员工OJT培训方式之一。工作指导（Job Instruction Training，JTI）是传统的师傅带徒弟这一培训方式的发展，是指学员在一名有经验的员工（老师或师傅）的指导下按一定的方法和程序进行技能培训的过程。常见的工作指导方法有：

①讲解（必须验证）；②示范；③写给他看；④书面解释；⑤让他试操作；⑥

让他复述；⑦对他提问。

（2）第二种丰田 OJT 培训方式是岗位轮换。和其他日本企业一样，岗位轮换一直是日本丰田及其在世界各国事业体引以为豪的一种人才培养方式，也是员工职业发展的主要渠道。日本丰田实行的是职能工资制。员工能力的高低，一个重要的评价要素就是你能胜任岗位的多少。胜任岗位越多，当某岗位缺人，你可以补足；当有同事年休，你可以顶替；当有新人入社，你就是师傅。你胜任岗位多，工作复杂程度就高，你工作能力就强，自然就应该得到较高待遇。所以，多技能员工培养是丰田现场操作员工主要的培训方式方法，即指岗位轮换。

丰田公司不主张定岗定编定员。定岗定编定员在短时间内是节约了成本，但无法培养多能工，没有足够的替补队伍，一旦人员流失损失更大，且一个员工长期从事一项工作会感到单调乏味，久之会工作积极性降低，工作效率减退，不利于公司发展。丰田公司现场操作员工，在从事一个岗位一段时间后，经过考核，评价优秀者根据个人意愿可轮换到另一个相邻岗位。一个班内岗位轮换完后，即具备做班长的资格，如果具有一定管理能力可候补晋升班长，也可轮换到同一工序另一个班。如果能在一个组内担当多能工，即具备当组长资格，依此类推。岗位轮换不仅减少长期从事一项工作带来的单调枯燥感，而且由于与薪酬、晋升相联系，作为多能工、师傅是非常荣幸的事，大大提高了员工的进取心、积极性、责任感、忠诚度。在丰田，通过岗位轮换，有不少一线员工成为系长、课长甚至部长等公司领导。岗位轮换不仅仅是现场技术工人和生产骨干的培养方式，也是各级管理人才、业务骨干培养的有效途径。在丰田，各级管理人员，每3年至5年调换一次，工作在海外丰田事业体的管理、生产技术、营销人员通常每3年一次轮换。

（三）第三种丰田 OJT 培训方式是问题解决。

问题解决型培训就是学员在丰田学院接受了丰田工作方式（TBP）培训后，回到工作岗位，一边工作一边运用所有方法解决实际问题。问题解决在生产现场，与丰田独特的提案活动、质量管理活动、现场5S管理（整理，整顿，清扫，清洁，素养）等实际理念和操作基本上是一致的。①

讨论题：

1. 丰田汽车公司采用的是什么样的培训策略和方法？
2. 丰田汽车公司的员工人才培训有何特色？

---

① 来源：HR人力资源管理案例网．根据《丰田汽车公司的人才培养体系》案例整理，2019

工作分析

第三节 工作分析与绩效管理

绩效是指具有一定能力（或潜力）的员工围绕所在职位、应承担的责任，为实现各阶段的成果所做的努力，以及在努力过程中的具体行为与结果。在企业中，由于企业的目标被分解成了各部门的目标和员工的个人目标，因此在实践中，企业就需要对目标实现过程中的每一个环节进行监控，以便及时发现问题与解决问题。绩效管理完成的就是这样的使命。绩效管理是为了达成企业的整体目标，通过一个开放循环的沟通过程，形成企业目标所预期的利益和产出，并推动团队和个人做出有利于目标实现的行为。①

绩效管理通过绩效目标的确定，可以有效地将组织目标分解到部门和个人；通过绩效沟通和绩效考评，可以发现目标实现中的问题并及时解决，绩效考评的结果也是员工管理、人员配备、培训发展、员工奖惩、升降职的依据。绩效管理给企业所带来的好处是显著的，它帮助经营者监控公司的前进方向，为战略决策者提供信息，创造有利的环境，使工作团队相互协作，也为员工提供绩效的期望标准，使其了解自己工作的完成情况，了解组织成员对自己的评价，并鼓励公司不断改进工作流程，建立一个公平而富有激励作用的报酬和奖励制度。

进行绩效管理首先需要制订绩效计划，明确绩效目标与绩效标准。绩效目标是指可以用来评价个人、部门和组织的绩效的工作行为的特征或结果；绩效标准则是指各项指标分析应达到什么样的水平。有了完整的绩效计划，企业的绩效管理才有"法"可依。绩效标准有一定的持续性，但仍需要定期根据企业经营环境的变化和工作承诺的变化重新检视，必要时进行修改。①

一、绩效沟通与绩效信息收集

绩效管理是一个不断循环反复的工作，一个有效的绩效管理单循环通常是由绩效沟通与绩效信息收集、绩效评价与绩效改进共同构成的。绩效沟通与绩效信息收集的主要内容是管理人员与工作人员在绩效计划的实施过程中，通过正式与非正式方式的沟通方式持续沟通，交换与绩效相关的信息，适时调整由于企业经营环境变化而导致的绩效计划失真，并记录被考评者的绩效表现。绩效沟通与绩效收集反映的是企业当前状态下的绩效情况，内容包括：

---

① 陈维政：《人力资源管理与开发高级教程》高等教育出版社，2019

①绩效计划的实施是否在既定的轨道上运行；
②绩效计划实施过程中运行良好的环节；
③绩效计划实施过程中遇到的困难或障碍；
④可能通过哪些方式克服目前的困难；
⑤可以通过哪些行动支持员工；
⑥员工绩效信息的记录与收集。

二、绩效评价

绩效沟通与绩效收集完成后，需要进行绩效的评价，完整的绩效评价指标体系包括考评内容、绩效指标、绩效标准、指标权重、评分说明等内容。而要完成对员工绩效结果的评价，必须设立评价的基础，而这一基础就是关于岗位的工作分析与职位描述，如图6-1[①]所示。

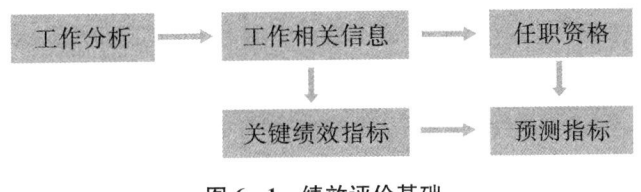

图6-1 绩效评价基础

将预测指标与通过绩效沟通与绩效收集描述的绩效现状进行比较，才能对员工的工作绩效做出正确评价。绩效量度的内容反映了企业对员工工作的基本要求，不同的企业量度的内容有所不同，其主要内容包括：

①工作业绩考评反映企业人员工作的结果或履行职务的结果的考核与评价。
②工作行为考评主要是对员工在工作中表现出的相关行为进行考核和评价。
③工作能力考评评价员工在岗位工作中发挥出的能力。
④工作态度考评是对员工在工作中的努力程度考评。

前两类标准由于可以进行量化评价，故常称为"硬指标"，后两类由于难以量化，需要考评者的主观评价，故常称为"软指标"。

---

① 付亚和：《工作分析》复旦大学出版社，2009

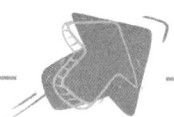

某金融机构客户经理考核分配办法

（一）定量考核

主要以"业务考核包"作为个人客户经理的定量考核指标。业务考核包内的业务应包括：个人客户资产业务、个人客户中间业务、个人客户负债业务、个人客户银行卡业务、个人客户电子银行业务、个人客户理财业务，个人客户经理营销的公司法人客户和其他业务。通过业务考核包内各项业务发展给我行创造的利润来计算个人客户经理的综合贡献额。

1. "业务考核包"内客户贡献额提取渠道。

（1）系统生成：通过个人客户营销管理系统（PBMS）生成个人客户经理维护个人高端客户产生的个人客户资产业务、负债业务、银行卡产品、个人中间业务的贡献额，汇总成个人客户经理的综合贡献额。

（2）手工记录：对于没有进入系统生成的一些金融产品、业务和服务，如中间业务、代理基金、保险及营销其他个人客户产生的新增存款等，通过手工登记建立数据台账，按照网点相应考核指标万元工资含量标准进行计价考核分配。

2. 对个人客户经理清收、转化、盘活的不良个人贷款，根据其难易程度，按照实际清收、转化、盘活额的一定比例，计入个人客户经理综合贡献度考核。原则上，在不良贷款锁定基数内，对次级类贷款可按 A 折算，可疑类贷款可按 B 折算，损失类贷款可按 C 折算。对清收的积欠息可直接计入综合贡献度。由于个人客户经理的主观原因造成贷款形态下移的，经支行绩效考评领导小组研究认定，经营业部审批后直接扣发工资。

（二）定性考核

个人客户经理的定性考核指标设置为维护个人高端客户户数、计划完成情况、贷后管理、工作表现等情况。

1. 个人高端客户维护户数的考核。

根据考核期个人客户经理分管的个人高端客户维护情况进行考核。

个人高端客户工资含量＝$W \times P$（W 为个人客户经理工资收入，P 为计划完成比例）

个人客户经理新增 1 户个人高端客户维护户数相应增加其工资收入，每减少 1 户个人高端客户维护户数按户工资含量标准的 D% 扣减其工资收入。

2. 计划完成情况、贷后管理、工作表现等情况的考核。

计划完成情况、贷后管理、工作表现等情况的考核与定性考核挂钩工资的 X% 挂钩。

3. 对于侧重个人贷款营销及贷后管理的客户经理的考核指标，按 X% 的比例与定性考核工资的挂钩，以考核其贷后管理工作。

三、绩效改进

绩效管理的最终目的并不是绩效评价，而是通过绩效评价，明确员工绩效的差距并研究差距产生的原因。产生绩效差距的原因可以分为客观因素与主观因素。造成绩效差距的客观因素包括工作设施、工作环境、组织政策、宏观政策等。造成绩效差距的主观因素则与员工的能力和工作的努力程度相关，具体包括工作能力、工作兴趣、工作态度、个人期望等。

通常管理者对绩效考核中由于主观因素而导致表现低下的员工会采取辞退、再培训或惩罚等措施，而对于客观因素导致的低绩效情况就会努力改善外部环境，为员工提高工作绩效创造条件，实践中比较有效的方法还包括：

（1）正面强化。当员工完成绩效目标时，采取各种措施，予以充分的激励，营造一个良好的积极向上的氛围。

（2）员工忠告。对于经常出现低绩效且正面强化不能奏效时，应予以忠告，并限期整改；若限期整改无效则可停职反省，甚至解雇。

（3）员工帮助计划。导致员工出现绩效低下的某些主观因素可能并没有被员工本人所意识到，或者其意识到主观上也愿意整改，但凭借个人的力量难以实现时，管理者可以通过员工帮助计划对其提供一定的支持，帮助他们在工作中提高绩效。

（4）负面强化。对于某些员工的某些行为，应当给予惩罚，防止其再次发生。但应注意惩罚的方式及其公正性。

绩效改进后结果，连同改善的绩效与未改善的绩效共同进入绩效管理的下一个循环，成为下一轮绩效管理的绩效现状。绩效改进流程见图6-2。

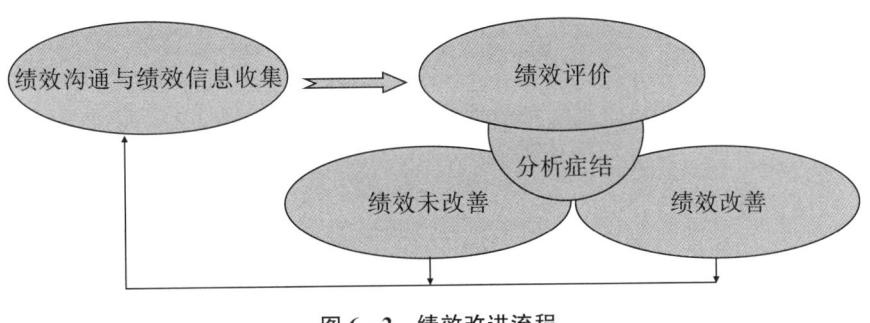

图6-2　绩效改进流程

四、工作分析在绩效管理中的应用

通过工作分析对职位的有关信息进行描述为绩效管理提供基础。工作分析使职位的工作职责更加清晰，责任明确；明确责任，员工才能明确自己在工作中需要完成的任务，工作绩效才能得到保障，员工的绩效评价才有依据。工作分析为绩效评价提供可供操作的工具，使得绩效考评不再完全依赖于直接主管的主观判断。

绩效管理要实现的是企业的整体目标，但企业的目标在实践中会被分解为各部门的目标和员工的个人目标，而工作分析关注的正是构成整体的各个组成部分岗位的各种信息，见图6-3所示。

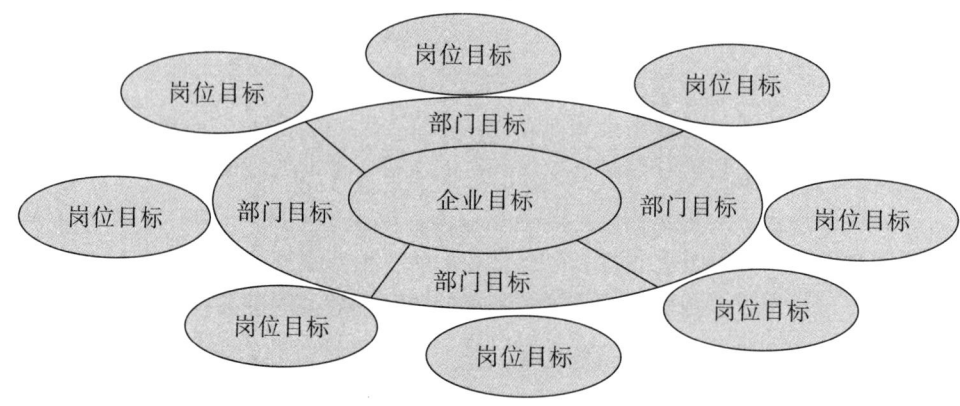

图 6—3 企业目标构架

此外，进行绩效评估时确定绩效评估的参与人员也需要借助工作分析，通过工作岗位的工作关系、与组织中其他岗位的工作接触以及岗位在组织中的位置，选择出对工作岗位进行绩效评估的参与人员。

但是以工作分析为基础的绩效评价也存在一些缺陷，它仅仅评价员工在工作中的表现，而无法全面评估员工对企业的价值贡献；它只能反映岗位工作能力，但不能反映员工的总体素质等，因此以工作分析作为员工绩效考评的基础在实践中也面挑战。

案例：兢海电子开发公司

兢海电子开发公司生产部为了搞好生产工作，更好地完成年生产任务指标，几位正副经理专门开会研究新的管理办法。

孙经理刚参加完国家经贸委举办的关于企业组织考核的培训班归来，基于实践所学到的东西。他在会上认为，要抓好生产工作，必须实行车间生产管理者的考核，因为这些管理人员的素质和绩效如何，直接决定他们所管辖生产车间的具体工作成效。为此，他提出必须首先对所属生产车间主任进行有效的考核，以激励他们的工作积极性和创造性。

廖副经理认为，考核工作是很重要，但在全公司全面实行干部考核之前，生产部自搞一套，车间主任们压力一定很大，一旦影响了情绪，今后工作难以开展。

叶副经理则认为，车间生产任务繁重，能维持现状已属不易，不能操之过急。而且车间主任们平时工作很辛苦，没有功劳也有苦劳，搞了考核，主任们得分高低一传出会直接影响他们的威信，局面难以收拾。

经过反复讨论，最后由于孙经理的坚持，生产部经理工作会议基本同意孙经理提出的对车间主任考核的建议，并要求他拿出具体方案，交生产工作会议通过实施。

一星期后的生产工作会议上，孙经理将他提出的考核方案和方法向大家交了底，并解释说：过去不论是选拔干部、提级、加工资往往是由某个领导说一句话就决定了，干部工作成绩如何，如果仅仅凭领导的个人印象来衡量，往往带有主观和偏见，这必须纠正。当前我们必须在各车间制定岗位责任制的基础上，通过考核，以便对各车间主任有一个正确、全面的了解，这对提高生产管理队伍的素质和改进生产工作是非常有益的。全公司其他部门没搞对干部的考核，我们生产部就先走一步，做一个尝试。我希望得到大家的支持。

参加会议的车间主任纷纷发言，表示同意首先从自己做起，愿意接受考核。于是孙经理给每位主任发一份《考核细则》并当众宣布，结合年终工作在12月份试行一个月，第四季度的奖金将根据考核后的实际得分发放。

《考核细则》的主要内容如下：

(1) 品德：有强烈的事业心；能团结同事，联系群众；坚持原则，秉公办事；说话、办事实事求是。（四点全做到满分为20分）

(2) 能力：善于管理事务，善于用人（满分10分）；精通业务，提出合理化建议，不断改进工作（满分10分）。

(3) 出勤：参加召集会议，迟到或早退一次扣2分，无故缺席一次扣4分（满分10分）；去向行踪应作交代，一个月中无交代外出查到一次扣2分（满分10分）。

考评车间主任的方法是：由车间主任任自评和互评，生产部经理、副经理和工人都要对车间主任进行评分。其各项得分直接加总得出被考评者最后得分。

一月中，孙经理收到了生产部门18位正副车间主任交来的自评表，出乎意料的是主任们几乎都给自己打了满分。而工人和其他车间主任的评分又带有很浓的个人成见，如生产调度工作负责，原则性很强，得罪了一些人，结果被其他主任打了最低分。只有生产部经理、副经理的评分，孙经理认为是比较符合实际的，可以公布。

在第二天的生产部生产工作会议上，孙经理公布了陆主任等车间主任12月份工作的考评结果（只计生产部经理、副经理的评分），同时宣布了季度奖金获得数。3位得分少的车间主任当场要求领导说明原因和理由，会议难以进行下去，不欢而散。当天下午这3位车间主任还联合向公司总经理告状，说生产部领导的考评不合理。由于3位主任接连几天没有主持工作，直接影响了全公司生产工作的正常运作。一周后，经公司领导调解，生产部正副18位主任的第四季度奖金一律按最高等级发放。面对所有这一切，孙经理陷入了苦闷的沉思。[①]

[①] 来源：陈维政：《人力资源管理与开发高级教程》高等教育出版社，2019

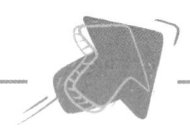

工作分析

第四节 工作分析与薪酬管理

在实践中，企业为了实现利润最大化，总是力求降低其经营运作的成本。薪酬作为人力资源的成本是企业总成本的构成部分之一，因此如何设计和管理薪酬，使企业既能控制劳动力的成本，又能吸引、保留和激励企业所需要的人力资源，调动员工工作的积极性，为企业创造更多的价值是人力资源管理工作关注的内容之一。

一、薪酬的确定

薪酬是员工对企业贡献的补偿。除去常见的工资报酬、奖金收入外，还有员工福利（包括实物或延期支付）等。劳动报酬，主要指市场工资率，受到需求与供给的重大影响。在一个完全流通的劳动力市场中，企业只能作为市场工资率的接受者，而在现实的非完全流通的劳动力市场中影响员工薪酬的除却劳动力市场上的供求外，还包括：

①地域差别；
②行业差别；
③法律法规；
④企业的支付能力；
⑤居民生活费用；
⑥劳动力自身的价值；
⑦劳动者的心理预期。

企业自然期望支付的工资越低越好，但若薪酬低于劳动者的心理预期，就会导致工作效率与情绪的低落。伊兰伯格在《劳动经济学》中阐述针对某具体职位，劳动者心理会有一个预期的保留工资，低于该工资，工人将拒绝授受这一职位或辞职。将劳动者在这一职位上得到的实际工资与保留工资想比较，个人工资超过其保留工资的数量就是工人的经济租金。在实践中，可以认为企业员工接受在既定岗位上工作的保留薪酬是 A，低于这一报酬，他将辞职。企业实际提供的薪酬是 W。W－A 就是员工的经济租金[①]。薪酬管理所致力的就是在确保企业正常高效运作的前提下，实现经济租金的最小化。

---

① 罗纳德·G. 伊兰伯格，罗伯特·S. 史密斯：《现代劳动经济学理论与公共政策》中国人民大学出版社，2021

二、薪酬制度的设计原则

在实现企业正常高效运作的同时经济租金最小化的目标的过程中，薪酬设计应遵循：

（1）公平性。员工对薪酬分配的公平感是薪酬制度和进行薪酬管理的首要考虑。薪酬的公平性主要在外部公平、内部公平与个人公平三个层面上体现。在同一行业、同一地区和同等规模的不同企业中的类似职务的薪酬应当基本相同。同一行业内部中不同职务所获得的薪酬应与各自贡献成正比，只要比值一致，便是公平。同一企业中占据相同岗位的人的薪酬间也应体现公平。

（2）竞争性。人才是流动的，要确保企业的薪酬对人才具有一定的吸引力就不能制定太低的薪酬水平，否则就没有竞争优势。薪酬策略分为领先策略、跟随策略和落后策略三种，企业可根据本企业的实际情况进行选择。

（3）激励性。一个科学合理的薪酬系统对员工的激励是最持久也是最根本的激励。企业内部各类、各级职务的薪酬水平应适当拉开差距，真正体现贡献分配的原则。

（4）经济性。提高企业的薪酬水准，固然可提高其竞争性和激励性，但同时也不可避免地导致人力成本上升，因此还应考虑薪酬设计的经济性。

（5）合法性。薪酬系统的合法性是必不可少的，合法是建立在遵守国家相关政策、法律法规基础上的。我国与此相关的法制建设还不完善，但应随时关注，以便迅速调整使其具有合法性。

三、工作分析与薪酬设计与管理

要设计出科学合理的薪酬体系和薪酬制度，需要经过：

（1）工作分析。工作分析是确定薪酬的基础。企业管理要结合企业经营目标，在业务分析和人员分析的基础上明确各部门职能和岗位关系，人力资源部和各部门主管合作编写工作说明书。薪酬设计与管理中的工作分析同样可以通过观察、访谈和书面工具，如调查问卷、日志等的运用收集工作分析数据。

（2）职位评估。职位评估是一种对职位价值的评价方法。它以工作分析为基础，通过对企业的战略目标的分解，对职位本身所具有的特性（比如职位对企业的影响、职责范围、任职条件、环境条件等）进行评价，以确定职位相对价值的过程。职位评价可以通过排序法、套级法、评分法、因素比较法等实现。值得注意的是，职位评估所做的工作确定的是一个职位的表态价值，但理论上讲职位价值并不

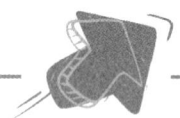

是一成不变的,还有必要对相关职位价值进行相应的调整。

(3) 薪酬调查。薪酬调查解决的是薪酬的对外竞争力问题。企业在确定薪酬时,必须参考劳动力市场上竞争对手或同一行业的平均薪酬水平。薪酬调查的实现渠道包括公共资料,如国家及地区统计部门、劳动人事机构、工会等公开发布的资料;通过抽样采访或散发专门问卷在企业间相互调查;委托专业机构调查。

(4) 薪酬结构设计。了解了同行业的薪酬水平后,需要根据企业状况确定本企业的薪资水平。企业的薪酬制订战略通常有领先策略、跟随策略和落后策略。具体制定员工薪酬时应当综合考虑岗位等级、个人的技能和资历及个人绩效三方面因素。在工资结构上与其相对应的分别是岗位工资、技能工资与绩效工资。

案例:B 公司的薪酬体系改革案例

B 公司是我国最早从事微生物学、免疫学研究和防疫制品生产的单位。截至 2021 年,职工 1473 人,各类科学技术人员 612 人,占职工总数的 42%。其中高级技术人员 88 人,中级技术人员 170 人。主要经营范围涉及制造与研发生物制品、体外诊断试剂(具体经营范围以环保局批复为准);道路货物运输;生产片剂;销售第Ⅲ类医疗器械;设备租赁;出租办公用房;技术进出口、货物进出口、代理进出口;销售Ⅰ类、Ⅱ类医疗器械。

薪酬体系是人力资源管理中最为敏感的系统,大多数企业不会轻易去改变,B 公司是一家国有医药公司,薪酬制度已沿用多年,近年来随着国企改革以及国家法规对药品制造企业的严格要求,公司组织架构的调整,战略发展规划的实施,原有的薪酬制度已不能适应公司快速发展的需要,建立市场化薪酬体系势在必行。

1. 不得不改的薪酬制度

(1) B 公司原有薪酬体系简介。

B 公司原有薪酬体系是 20 世纪 90 年代设计的,实行以岗位浮动工资制为主的工资制度。职工工资主要由岗位浮动工资、年功工资、技能工资、津贴补贴和各项奖金等部分构成。

岗位工资是 B 公司占比最大的工资,设置 4 个薪酬带,分别为普通员工岗位、班组长岗位、主管和中层管理岗位,每个薪酬带中设置 3~4 个(A、B、C、D)档次,每个档次设置多个等级区域,档次之间设置一定的重叠度,各类岗位分布于各薪酬带中,岗位浮动工资以系数表示。一是年功工资是按每个员工的工龄乘以一定金额计算;二是技能工资体现了员工的职称情况,对于高级职称、中级职称和初级职称分别确定一个金额;三是津贴补贴包括交通补贴、餐补、房补、托儿费等各种项目;四是各项奖金包括日常的考核奖和年末的年终奖金。

(2) B 公司薪酬体系存在的问题。

从以上的分析中我们可以看出 B 公司原有的薪酬体系存在以下问题:

①B公司工资结构复杂,重绩效、重贡献的理念未体现。员工工资条上包括津贴、补贴的项目有10余项内容。岗位工资体现员工岗位情况;年功工资体现了员工的资历,工龄;技能工资体现了职称情况;各种补贴、津贴是指为了补偿职工特殊或额外的劳动消耗和因其他特殊原因支付给职工的津贴,以及为了保证职工工资水平不受物价影响支付给职工的物价补贴,每个员工津贴、补贴基本上是平均的;绩效工资体现公司效益和员工绩效,占比较少。公司岗位工资未拉开差距,加上平均的津贴补贴和发放比例较低的绩效工资,员工整体工资水平相同的现象比比皆是。

②工资体系未体现同层级不同岗位之间的差异性,岗位价值缺位。例如B公司虽然对普通员工、班组长、主管、中层管理人员每个薪酬带设置了A、B、C、D档,但对A、B、C、D档无明确的岗位要求和任职条件,主观判断多一些,操作相对困难,因此B公司的大部分的普通员工基本是按照其第一学历确定岗位工资,同一部门的班组长岗位工资基本一样,不同部门的中层岗位工资基本一致,即使有差距,相差也甚小,未体现各岗位的差异性,未对公司岗位进行价值评估,工作环境较差、体能消耗高、承担压力大、技能要求高的岗位的工资无法突出,致使该类岗位在岗人员流动性高及工作满意度低。

③工资体系未体现同岗位员工之间的差异性,员工的历史绩效表现没有体现。同一岗位一线人员其工作的熟练程度、工作技能、工作绩效不同,但原有的薪酬体系无法合理拉开同一岗位员工收入差距,虽然公司制定了绩效考核办法,也在日常的绩效工资有体现,但绩效差距甚小,无法有效做到奖勤罚懒。

④薪酬结构中绩效薪酬占比偏低,激励约束效果被弱化。公司在每月发放的绩效工资体现较少,基本上也被固定化,按月发放的日常绩效工资仅占到全月工资总额的6%左右,加上年末的绩效工资也仅占到全年工资的20%左右。

⑤未与人才市场工资水平接轨,造成一些主体岗位和骨干员工的工资水平低于劳动力市场,而后勤、服务类等非主体岗位的工资水平高于劳动力市场水平。

2. 以岗位价值评估为导向的薪酬变革

(1) 薪酬体系改革的方向。

根据上述问题,B公司拟建立以岗位价值评估为基础的薪酬体系。具体方向如下:

一是调整薪酬结构,减少工资项目内容,工资内容着重体现重贡献、重业绩的内容;二是以统一的评判标准,将岗位价值概念引入薪酬体系,通过岗位分析与岗位价值评估,建立基于岗位价值的薪酬体系。削弱年功、学历、职称等静态评价形式;三是采用宽带薪酬,提供各岗位的薪酬发展通道,设计与绩效表现关联的宽带薪酬,为员工提供各自所在岗位的薪酬发展通道;四是增强薪酬的激励约束效果,

提高绩效薪酬占比,绩效工资实发数额与考核联动,激发员工活力;五是分析市场上各项薪酬调查报告,尤其是同行业的薪酬报告,公司各岗位薪酬水平与市场薪酬水平对标,制定出市场化的薪酬标准,提高竞争力。

(2) 设计新的薪酬体系的具体内容。

B公司需建立月收入标准水平与岗位价值关联,月收入标准浮动与绩效管理关联,提高绩效工资在月收入标准中的占比,薪酬激励向核心岗位及核心人员倾斜的薪酬体系。具体采取的步骤为以下方面:

第一,调整薪酬结构。合并原岗位工资、绩效工资、技能工资、各种补贴等多项工资为岗位工资和绩效工资两项内容,同时根据岗位价值评估和个人素质、能力、绩效、历史表现及市场上同行业同岗位的薪酬水平等多个因素建立薪级薪档表。

第二,进行岗位价值评估。公司所有岗位从岗位责任因素、知识技能因素、负荷因素、工作环境因素等因素考虑,每个因素选取3~5个最直接相关的变量指标,进行分级权重来衡量,由公司成立的专家进行多因素评分,通过量化计算得出每个工作岗位的相对价值,按照量化分数分析划分出几个级别,每个岗位均对应一个薪级。按照岗位价值评估的结构,结合每个人的素质、能力和历史绩效,考虑员工原有收入,按照就近就高的原则对应在相应的薪级薪档表的坐标系中。

第三,设计薪酬标准浮动规则。B公司设置了薪酬标准浮动的规则,主要是岗位变动时的调整和绩效结果对薪酬的调整以及重点岗位、重点人员的薪酬的倾斜。一是岗位调整:按照"岗变薪变"的原则,员工进行岗位调整时,按新岗位重新确定岗位月收入标准。员工在同一薪级调整岗位时,按照原有薪档标准执行;若新岗位薪级高于原岗位薪级时,岗位月收入标准按照新岗位所在薪级就近就高档进行套档执行;若新岗位薪级低于原岗位薪级时,岗位月收入标准按照新岗位所在薪级就近就低档进行套档执行。二是考核评比调整:为了调动员工的积极性,对个体表现在工资体系中有所体现,设计的薪酬体系必须有调整方案,B公司将员工的绩效考核、评比与工资体系紧紧结合。比如员工的绩效部分是体现在公司年末评比中,上年年度评比中获得"先进工作者""优秀员工"称号的人员次年工资可上调一档,第三年恢复原档;如果员工一贯优秀,3年内两次获得以上称号人员,可持续按照上调后薪档发放工资,不再恢复原档,当然也要控制全年上调人数,原则上不超过全体员工的3%。同时也有下调的情况,比如员工上年度个人月度绩效考核得分均值低于规定分值,则薪酬下调一档;当年发生重大工作失误、安全事故或质量事故,月收入标准下调。三是重点岗位、重点人员的薪酬提升:对于普通岗位,由于薪酬转化过程中大部分员工就近就高套薪,有许多是运气的成分,公司应该挑选出一部分重点岗位统一提升一档,而同一岗位上也要区别骨干员工,突出对重点岗位、重点人员的导向。重点岗位、重点人员的比例也应控制在10%以内。

第四，新老薪酬体系转化时原则。为了顺利推进薪酬改革，原则上不降低每个员工现有薪酬标准，转化时按起薪点与员工原有薪酬标准就高的原则执行；对于组长、主管、中层管理岗位全部公开竞聘上岗，由于竞聘不成功或无法胜任原岗位由高一级的岗位下调到低一级岗位，薪酬就近就低套薪，保留工资。

3. 改革优化薪酬体系的注意问题

通过以上对薪酬体系的描述，我们在改革薪酬体系时必须注意以下几点：

（1）岗位分析、设计、人员编制和岗位价值评估是薪酬体系设计的基础，在薪酬体系优化前必须对组织体系进行重新审视与梳理，建立合理科学的组织体系，根据现有组织结构和部门职能，对现有岗位设置不合理的现象进行调整，优化岗位体系；根据岗位设置，对现有岗位人员编制情况进行综合分析，从总量、结构、数量三个方面确定各岗位的人员编制；按照"关键岗位竞聘，普通岗位双向选择"的原则进行定员。进行岗位价值评估时，需要组成一定规模人数、在公司有一定权威的一支内部专家队伍，必要时也可邀请外部专家，利用多因素分析法对每个岗位评分，依据专家的分数将全部岗位分级，具有一定的追溯性。

（2）薪酬体系改革要做好宣传培训工作和员工思想的引导工作，薪酬改革是利益格局的大调整，必然涉及员工的利益和生产生活各个方面，不可避免地会引起员工思想上的波动。能否有效地做好宣传培训工作和开展思想政治工作，消除思想障碍，及时化解矛盾，不仅关系到改革本身能否顺利进行，甚至还会波及影响到企业的正常生产经营工作。因此，一定加强宣传培训和思想教育工作，使得员工理解薪酬体系的精神，发挥薪酬对员工的激励作用，为薪酬改革发展提供强有力的政治保障，创造团结稳定和谐的局面。

（3）薪酬体系改革要在工资总额相对宽松的情况下进行，国企一般均有工资总额的限制，进行薪酬体系改革最好选在公司上升阶段，效益好且工资总额充足，既要保证员工思想稳定，又要使得薪酬具有一定激励性，在有限的工资总额情况下，尽量不减少每个员工的工资水平，工资总额的增量部分用来拉开原有的差距。

（4）薪酬一定与考核成绩和历史业绩挂钩。建立完善的考核体系，做到公司的战略任务层层分解，"千斤重担人人挑，人人头上有指标"，确定所有员工能明确自己的工作目标和绩效指标，同时，加强日常的考核工作和年末的综合评价工作，做到及时兑现绩效工资，年末综合评判进行绩效工资结算。

（资料来源：白美丽，丁津津，梁岩，等：《B公司薪酬体系优化研究》《管理观察》，2019（33）：161－162）

思考题：

1. 工作分析在人力资源管理中有哪些具体的运用？
2. 招聘的流程有哪些步骤？工作分析在招聘中发挥什么输入作用？
3. 员工培训的主要方式有哪些？讨论其各自的优缺点。
4. 如何通过工作分析提高员工的工作绩效？
5. 薪酬设计应遵循的原则是什么？薪酬管理的流程是什么？

参考文献：

1. 李永杰，李强：《工作分析理论与应用》北京：中国劳动社会保障出版社，2005
2. 付亚和：《工作分析》上海：复旦大学出版社，2009
3. 陈维政：《人力资源管理与开发高级教程》北京：高等教育出版社，2019
4. 傅祥友：《为员工设计灿烂明天——东风汽车股份有限公司的"员工职业生涯规划"》《企业管理》，2001
5. 张健东，钱坤，谷力群：《人力资源管理理论与实务》北京：中国纺织出版社，2018
6. 罗纳德·G. 伊兰伯格，罗伯特·S. 史密斯：《现代劳动经济学理论与公共政策》北京：中国人民大学出版社，2021
7. 萧鸣政：《工作分析的方法与技术》北京：中国人民大学出版社，2018
8. 廖泉文：《招聘与录用》北京：中国人民大学出版社，2022
9. 葛玉辉：《工作分析与工作设计实务》北京：清华大学出版社，2011

工作分析自学考试大纲

Ⅰ 课程性质与设置目的

工作分析与评价是人力资源管理（本科）专业重要的基础课程，它既注重理论阐释，又非常强调实践性。

本课程共分六章。第一章系统阐述了工作分析的基础理论，界定了工作分析的含义及与之相关的概念，明确了进行工作分析的时机；指出了工作分析的原则，从总体上介绍了工作分析的主要内容及其分析结果的表现形式；阐明了工作分析在人力资源开发与管理中的地位，阐述了工作分析在战略与组织管理和人力资源管理中的作用；介绍了工作分析产生与发展的历史，简述了工作分析在我国的发展情况。第二章对工作分析流程进行了全面梳理，详细介绍了进行工作分析前的准备阶段、信息收集阶段、信息分析阶段、工作分析结果形成阶段和工作分析的运用与反馈阶段所要做的具体工作，最后总结了工作分析中的常见问题与解决办法。第三章系统介绍工作分析方法，对观察分析法、访谈分析法、问卷调查分析法、关键事件法及其他分析法作了详尽的介绍，通过案例说明了工作分析方法的运用。第四章主要介绍了工作说明书的编写要求、编写内容和编写步骤及其具体表现形式。第五章着重介绍了工作评价的含义、作用和原则，工作评价的指标体系以及工作评价的主要技术与方法，并用几个案例详细地演示了工作评价的具体实施，为企业进行人力资源开发和管理提供参考和借鉴。第六章通过介绍工作分析与员工招聘，员工培训、绩效管理，薪酬管理的关系探讨工作分析在人力资源管理中的具体应用。

本课程的重点内容是工作分析的基础理论、工作分析的流程与方法、工作说明书的编制、工作评价等。

学习本课程的主要目的在于使学员在对工作分析基础理论充分理解和领会的基础上，把握工作分析流程的脉络，根据工作分析原则，对工作分析的各种方法能够加以灵活运用，从而达到理论与实践的统一和融会贯通。通过本课程的学习，一方

面为学员全面掌握工作分析理论和技术打下必要的基础,另一方面期望为人力资源管理工作提供基础依据。

鉴于课程的性质和特点,在自学过程中,学员应该理论联系实际,密切关注中外工作分析理论和实践的新问题、新发展,大胆创新、勇于探索,在理论与实践的循环反复中,不断提高工作分析的能力。

Ⅱ 课程内容与考核目标

第一章 工作分析概述

一、学习目的与要求

通过本章的学习,理解工作分析的含义及与工作分析相关的概念;掌握工作分析的基本原则和主要内容,认识工作分析在人力资源管理中的作用和意义,了解工作分析的发展历程。

二、课程内容

第一节 工作分析的概念

(一)工作分析的含义
(二)工作分析的时机
(三)工作分析的相关术语

第二节 工作分析的原则与内容

(一)工作分析的原则
(二)工作分析的主要内容
(三)工作分析的成果

第三节 工作分析的地位与作用

(一)工作分析在战略与组织管理中的作用
(二)工作分析在人力资源管理中的作用

第四节　工作分析的产生与发展

（一）工作分析的发展历程
（二）工作分析的发展趋势
（三）我国工作分析的发展

三、考核知识点

（一）工作分析的含义及相关概念
（二）工作分析的原则、主要内容及成果形式
（三）工作分析在战略与组织管理中及人力资源管理中的作用
（四）工作分析的发展历程及发展趋势

四、考核要求

（一）工作分析的概念
识记：工作分析的含义及与工作分析相关的概念
理解：工作分析的时机选择
（二）工作分析的原则与内容
识记：工作分析的原则
理解：工作分析的主要内容
简单应用：通过工作分析形成工作描述和工作规范
（三）工作分析的地位与作用
识记：工作分析的地位
理解：1. 工作分析在战略与组织管理中的作用
　　　2. 工作分析在人力资源管理中的作用
（四）工作分析的产生与发展
理解：1. 工作分析在早期、近代及现代的发展情况
　　　2. 工作分析的发展趋势
综合运用：结合实际，探讨我国的工作分析存在的问题及解决的对策

第二章　工作分析流程

一、学习目的与要求

通过本章学习，着重掌握：工作分析流程的各个环节及其基本内容。

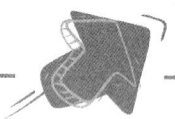

二、课程内容

第一节 工作分析前的准备阶段

（一）确定工作分析目的
（二）取得认同与合作
（三）明确分析对象
（四）确定并培训工作分析小组

第二节 工作信息收集阶段

（一）工作信息收集的范围与内容
（二）工作信息的来源
（三）工作信息收集方法

第三节 工作信息分析阶段

（一）工作信息分析的内容
（二）工作信息分析应注意的问题

第四节 工作分析结果形成阶段

（一）审查和确认工作信息
（二）形成工作说明书
（三）编写工作说明书应注意的问题

第五节 工作分析的应用与反馈阶段

（一）职务说明书的使用培训
（二）使用职务说明书的反馈与调整

第六节 工作分析中的常见问题与解决办法

（一）目的不明确
（二）缺乏战略眼光和系统思维
（三）缺乏高层领导支持
（四）缺乏有效沟通
（五）工作人员素质有待提高
（六）缺少反馈调节，工作分析信息静态化

（七）不重视工作分析过程中的管理控制

三、考核知识点

（一）工作分析前的准备阶段

（二）工作信息收集阶段

（三）工作信息分析阶段

（四）工作分析结果形成阶段

（五）工作分析的应用与反馈阶段

（六）工作分析中的常见问题与解决办法

四、考核要求

（一）工作分析前的准备阶段

识记：工作分析小组的构成及其优缺点

理解：1. 工作分析的目的；2. 工作分析对象

（二）工作信息收集阶段

识记：1. 工作分析信息的来源；2. 工作信息收集的方法

理解：工作分析信息的类型

（三）工作信息分析阶段

识记：工作信息分析的内容

理解：工作信息分析应注意的问题

（四）工作分析结果形成阶段

识记：什么是工作说明书

理解：编写工作说明书应注意的问题

（五）工作分析的应用与反馈阶段

简单应用：结合实际掌握工作分析的应用

（六）工作分析中的常见问题与解决办法

理解：工作分析中的常见问题与解决办法

第三章 工作分析方法

一、学习目的与要求

通过本章学习，着重掌握：工作分析的基本方法、其优缺点及基本运用技巧。

二、课程内容

第一节 观察分析法

（一）观察分析法的含义
（二）观察分析法的基本程序
（三）运用观察分析法的原则
（四）观察分析法的优缺点

第二节 访谈分析法

（一）访谈分析法的内涵
（二）访谈分析中问题设计
（三）访谈的技巧
（四）通用的工作分析访谈提纲
（五）访谈法的原则

第三节 问卷调查分析法

（一）问卷调查分析法的含义与形式
（二）设计调查问卷应注意的问题

第四节 关键事件法

（一）关键事件法的含义
（二）关键事件法的基本程序
（三）关键事件法的优缺点

第五节 其他工作分析方法

（一）资料分析法
（二）工作日志法
（三）工作参与法
（四）功能性职务分析法

第六节 工作分析方法的选择

（一）工作分析方法选择的影响因素
（二）工作分析方法适用于人力资源管理领域的比较

第七节 工作分析方法的运用

(一) 公司简介
(二) 工作分析的动机及目的
(三) 本研究之计划与执行
(四) 工作分析过程的心得
(五) 工作分析结果建议

三、考核知识点

(一) 观察分析法
(二) 访谈分析法
(三) 问卷调查分析
(四) 关键事件法
(五) 其他工作分析方法

四、考核要求

(一) 观察分析法
识记：1. 观察分析法的含义与形式；2. 观察分析法的适用范围
理解：运用观察分析法的原则

(二) 访谈分析法
识记：1. 访谈分析法的定义；2. 其优缺点
理解：访谈的基本技巧
简单应用：通过学习，设计一份访谈提纲

(三) 问卷调查分析
识记：问卷调查分析的含义
理解：1. 问卷调查分析的优缺点；2. 问卷调查分析应注意的问题
简单应用：根据需要设计一份工作分析调查问卷

(四) 关键事件法
识记：关键事件法的含义
理解：关键事件法的优缺点

(五) 其他工作分析方法
理解：资料分析法、工作日志法、工作参与法、功能性职务分析法的含义

第四章 工作分析结果

一、学习目的与要求

通过本章学习，着重掌握：工作说明书应包括的主要内容，工作说明书的编写步骤、原则和基本要求，工作规范的编写内容和常用的写作方法，岗位工作设计改进常用的方法等基本内容。

二、课程内容

第一节 编写工作说明书

（一）工作说明书的主要内容
（二）工作说明书编写的步骤
（三）编写工作说明书应遵循的原则
（四）工作说明书编写的基本要求
（五）编写工作说明书的注意事项
（六）工作说明书编写中可能遇到的问题
（七）工作说明书的应用
（八）工作说明书的发展趋势

第二节 编写工作规范

（一）工作规范的主要内容
（二）工作规范的作用
（三）工作规范的编写原则
（四）工作规范的推导方法分类
（五）基于胜任力的工作分析

第三节 不同岗位工作说明书范例

企业人力资源经理、招聘专员、客户服务部经理、电源监控部经理等岗位的工作说明书范例

第四节 改进岗位工作设计

（一）扩大工作范围，丰富工作内容

(二) 工作满负荷
(三) 劳动环境的优化

三、考核知识点

(一) 工作说明书的编写内容
(二) 工作说明书的编写步骤、原则和基本要求
(三) 工作规范的编写内容和常用的写作方法
(四) 岗位工作设计改进常用的方法

四、考核要求

(一) 编写工作说明书

识记：工作说明书应包括的基本内容、工作说明书的编写步骤、原则和基本要求

理解：工作分析成果的主要形式，职责描述应遵循的规则、编写工作说明书时应注意的问题

(二) 编写工作规范

识记：工作规范的编写内容、常用的写作方法分类、胜任力的内涵

理解：岗位胜任特征分析的主要步骤

(三) 不同岗位工作说明书范例

简单应用：能够根据相关资料编写出工作说明书

(四) 改进岗位工作设计

识记：工作轮换、工作扩大化、工作丰富化的内涵

理解：工作横向扩大化与纵向扩大化的区别，工作扩大化与工作丰富化的区别，改进岗位工作设计常用的方法

第五章 工作评价

本章包括工作评价概述、工作评价指标体系、工作评价方法与技术三个内容。

一、学习目的与要求

通过本章的学习，着重掌握：工作评价的含义、作用和原则，工作评价常用指标的建立，工作评价过程中采用的几种方法的应用。

二、课程内容

第一节 工作评价概述

（一）工作评价的含义
（二）工作评价的作用
（三）工作评价的原则
（四）工作评价的依据

第二节 工作评价指标体系

（一）工作评价常用指标的选择和定义
（二）工作评价指标权重及其评分标准
（三）工作评价指标分级标准

第三节 工作评价的方法与技术

（一）排列法
（二）分类法
（三）点数法
（四）因素比较法
（五）海氏工作评价系统

三、考核知识点

（一）工作评价的含义、作用、原则和依据
（二）工作评价常用指标的选择、指标权重及其评分标准
（三）工作评价指标分级标准
（四）工作评价常用几种方法及其应用

四、考核要求

（一）工作评价概述
识记：工作评价的概念、工作评价的原则
理解：工作评价的作用、工作评价的依据
（二）工作评价指标体系
理解：工作评价常用指标的定义、工作评价指标分级标准
简单应用：工作评价指标的选择

（三）工作评价的方法与技术

识记：工作评价的主要方法

综合运用：点数法、因素比较法和海氏工作评价法在实践中的应用

第六章 工作分析在人力资源管理中的具体应用

一、学习目的与要求

通过本章学习，着重掌握工作分析在员工招聘、员工培训、绩效管理、薪酬管理中的具体作用。

二、课程内容

第一节 工作分析与员工招聘

（一）界定招聘的供与求
（二）招募合适的候选人
（三）人员的选拔
（四）工作分析在员工招聘中的应用

第二节 工作分析与员工培训

（一）工作分析与培训需求分析
（二）培训方案的设计
（三）培训效果的评估

第三节 工作分析与绩效管理

（一）绩效沟通与绩效信息收集
（二）绩效评价
（三）绩效改进
（四）工作分析在绩效管理中的应用

第四节 工作分析与薪酬管理

（一）薪酬的确定
（二）薪酬制度的设计原则
（三）工作分析与薪酬设计与管理

三、考核知识点

（一）员工招聘的流程

（二）员工培训的流程

（三）绩效管理的实现

（四）薪酬管理及其基本内容

（五）工作分析在招聘、培训、绩效管理、薪酬管理中的作用

四、考核要求

（一）工作分析与员工招聘

识记：员工招聘的三个环节

理解：1. 招聘过程中的相关问题；2. 候选人的筛选

综合应用：如何运用工作分析设计合理的企业招聘模型？

（二）工作分析与员工培训

识记：员工培训的三个步骤

理解：1. 培训需求的分析；2. 工作分析的作用

（三）工作分析与绩效管理

识记：绩效管理的程序

理解：1. 绩效管理的目标；2. 如何实现绩效改善

综合运用：结合案例理解工作分析在绩效管理中的作用

（四）薪酬管理及其基本内容

识记：薪酬管理有关概念

理解：1. 薪酬管理的目标；2. 薪酬设计的原则

综合运用：结合实际说明薪酬管理的过程及工作分析在其中发挥的作用

Ⅲ 有关说明和实施要求

为了使本大纲的规定在个人自学、社会助学和考试命题中得到贯彻和落实，下面对有关问题进行解释和说明，并提出相应的实施要求。

一、关于考核目标的说明

为使考试内容具体化和考试要求标准化，本大纲各章分为学习目的与要求、考核内容、考核知识点和考核要求等四方面内容，使应考者能够进一步明确考试内容和要求，从而更有目的地系统学习教材；使社会助学者能够更全面地有针对性地分层次进行辅导；使考试命题范围更加清楚明确，更准确地安排实体的知识能力层次和难易度。

本大纲在考核要求中，按照认知能力，分为识记、理解、简单应用和综合运用四个层次。四个能力层次存在着由低到高的递进等级关系，其中低一层次是高一层次的基础，高一层次又包含低一层次的内容和变化。各层能力层次的含义是：

识记：能正确认识和表述科学事实、原理、术语和规律。知道该课程的基础知识，并能进行正确的选择和判断。

理解：能将所学知识加以解释、归纳。能领悟某一概念或原理与其他概念或原理之间的联系，理解其引申意义，并能出正确的表述和解释。

简单应用：能用所学的概念、原理、方法正确分析和解决较简单的问题，具有分析和解决一般问题的能力。

综合运用：能灵活运用所学过的知识，分析和解决比较复杂的问题，具有一定解决问题的能力。

二、关于自学教材

本课程使用教材为：《工作分析》，蒲晓红，廖喜生，主编，四川大学出版社，2022年。

三、自学方法的指导

本课程的整体框架和思路非常明确和清晰。第一介绍了薪酬管理的基础理论，第二章阐述了工作分析流程，第三章侧重介绍工作分析方法，第四章阐明了工作分析结果的表现形式，第五章介绍了工作评价方法，第六章具体阐述工作分析在人力资源管理环节的应用。因此，自学者需要在充分理解工作分析基础理论的基础上，准确把握工作分析的全部工作流程，掌握工作分析的各种方法，实施工作分析，并对其结果进行工作评价，进而将这些方法灵活应用到工作分析的实践中去。这是应试者在自学应当掌握的学习思路与方法。

工作分析与评价这门课程，相对而言实践性较强。为此，本大纲希望广大应考者在自学的时候，最好能够做到以下几点要求：

1. 首先要掌握和理解相关的概念和术语，特别要搞清楚概念的正确内涵，注意概念之间的区别和联系。

2. 了解和掌握各种工作分析方法和原理，注意区分各类方法的适用条件，做到灵活运用。

3. 要把知识的学习同解决实际问题结合起来，做到活学活用，以不断激起学习工作分析理论的兴趣。

4. 注意联系实际做些练习，通过反复练习，能够帮助我们进一步熟悉和掌握管理科学方法。

四、对社会助学的要求

考虑到工作分析与评价这门课程的特殊性和考生的实际情况，举办适当的社会助学很有必要。开展社会助学应注意以下几个事项：

1. 社会助学者应该根据本大纲的各项规定和要求，系统地学习和钻研教材，理出难点和重点，既要实施有效的、有针对性的辅导，同时又要掌握好正确的社会助学方向，引导他们避免自学中的各种偏向。

2. 要正确处理基础知识和应用能力的关系，努力引导自学考者将标记、理解同应用联系起来，把基础知识和理论围绕化成应用成力，在全面辅导的基础上，这种着重培养和提高自学应考者的分析问题和解决问题的能力。

3. 要正确处理重点一般的关系。课程内容有重点和一般之分，但考试内容是全面的，而且重点与一般相互联系的，不是截然分开的。社会助学者应指导自学应考全面系统地学习教材，掌握全部考试内容和考核知识点，在此基础上再突出重点。总之，要把重点学习同兼顾一般结合起来，切勿孤立地抓重点、把自学应考者引向猜题押题。

4. 要适当地布置一些练习题，并且要认真批阅，针对应考者在学习中出现的问题，耐心地进行辅导。

五、关于命题考试的若干规定

1. 本课程的命题考试，应根据本大纲所规定的考试内容和考试目标来确定考试范围和考核要求，不要任意扩大或缩小考试范围，提高或降低要求。考试命题要覆盖到各章，并适当突出重点章节，体现本课程的内容重点。

2. 本课程在试题中对不同能力层次要求的分数分裂，一般为：识记占20%，理解占30%，简单应用占30%，综合运用占20%。

3. 试题要合理安排难度结构。试题难易度可分为易、较易、较难、难四个等级。每份试卷中，不同难易度试题的分数比例一般为：易占20%，较易占30%，较难占 30%，难占 20%。必须注意，试题的难易度与能力层次是一个概念，在各能力层次中都会存在不同难度的问题，切勿混淆。

4. 本课程考试试卷采用的题型有：单项选择题、填空题、名词解释题、简答题、论述题、计算题等。各种题型的具体形式可参见本大纲附录。

5. 本课程的考试方式为闭卷、笔试，考试时间为 150 分钟。试题分量以中等水平考生在规定时间内答完全部试题为度。评分采用百分制，60 分为及格。

附：题型举例

一、单项选择题

在每小题列出的四个备选项中只有一个是符合题目要求的，请将其代码填写在题后的括号内。错选、多选或未选均无分。

1. （　　）被后人尊称为科学管理之父。
   A. 泰勒　　　　　　B. 狄德罗
   C. 吉尔布雷思　　　D. 斯科特

2. （　　）是指任职者为实现一定的组织职能而担负的一项或多项相互联系的任务组成的集合。
   A. 职务　　　　　　B. 职责
   C. 职位　　　　　　D. 工作要素

二、多项选择题

在每小题列出的五个备选项中至少有两个选项是符合题目要求的，请将其代码填写在题后的括号内。多选、少选、错选、或未选均无分。

1. 工作分析的方法有（　　）
   A. 资料分析法　　　B. 现场观察法　　　C. 面谈法
   D. 问卷调查法　　　E. 关键事件法

2. 工作评价的原则有（　　）
   A. 明确性原则　　　B. 一致性原则　　　C. 主观性原则
   D. 实用性原则　　　E. 弹性原则

三、名词解释

1. 工作分析
2. 工作评价

四、判断分析题

先判断对错，然后加以分析。

1. 职务就是职位。（　　）
2. 职级与职等没什么本质区别。（　　）

五、简答题

1. 简述企业进行工作分析的时机。
2. 工作分析的原则有哪些？

六、论述题

1. 结合实际，请你谈谈工作分析在绩效管理中的作用。
2. 试论述工作分析小组的构成及其优缺点。

七、综合分析题

××公司市场部目前新增了一个市场部副经理的职位，薪资未定。在这个部门中，文员的工资水平是 4000 元，市场策划人员的工资水平是 8000 元，市场部经理的工资水平是 16000 元。请参考下表：

工资率	因素				
		所需技能	任务难度	工作环境	财务影响
400 元/月	职位 A				职位 A
800 元/月			职位 A	职位 B	
1200 元/月		职位 A		职位 A	
1600 元/月	职位 B				职位 B
2000 元/月			职位 B	职位 B	
2400 元/月				职位 C	
2800 元/月					
3200 元/月	职位 C	职位 C			
3600 元/月			职位 C		职位 C

1. 根据这个表格来看，请问这是采用何种方法对市场部副经理的职位进行评定？
2. 表格第二列中还缺少一个指标，请你填上你认为最合适的一个指标。

备选项：工作责任、体力劳动强度、工作班制、看管设备复杂程度。

3. 请根据以上表格，对市场部副经理的薪资水平做出评定。

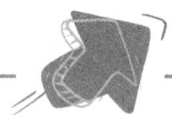

后 记

《工作分析》自学考试教材由蒲晓红、廖喜生担任主编。本书各章编写的具体分工是：蒲晓红教授编写第一章；廖喜生副教授编写第二、三章；段海英副教授、廖喜生副教授编写第四章；张蕊副教授、蒲晓红教授编写第五章；蒲晓红教授编写第六章。全书由蒲晓红、廖喜生修改定稿。

由于编者水平有限及编写时间仓促，教材中不妥和错误之处在所难免，恳请广大读者批评指正。

编者

2022 年 12 月